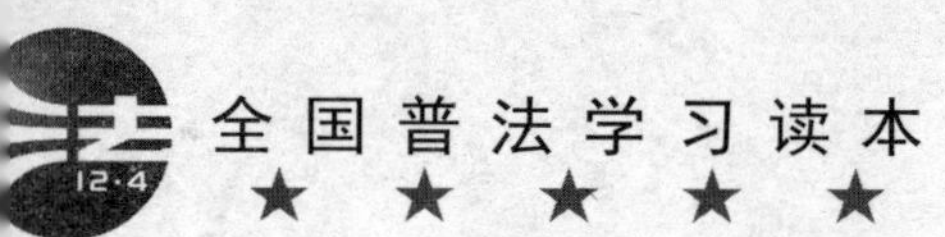

渔业生产法律法规学习读本

渔业捕捞法律法规

■曾　朝　主编

加大全民普法力度，建设社会主义法治文化，树立宪法法律至上、法律面前人人平等的法治理念。

——中国共产党第十九次全国代表大会《决胜全面建成小康社会　夺取新时代中国特色社会主义伟大胜利》

汕頭大學出版社

图书在版编目（CIP）数据

渔业捕捞法律法规 / 曾朝主编 . -- 汕头 : 汕头大学出版社（2021 . 7 重印）

（渔业生产法律法规学习读本）

ISBN 978-7-5658-3528-5

Ⅰ. ①渔… Ⅱ. ①曾… Ⅲ. ①捕捞-渔业法-中国-学习参考资料 Ⅳ. ①D922. 654

中国版本图书馆 CIP 数据核字（2018）第 037646 号

渔业捕捞法律法规　YUYE BULAO FALÜ FAGUI

主　　编：曾　朝

责任编辑：邹　峰

责任技编：黄东生

封面设计：大华文苑

出版发行：汕头大学出版社

广东省汕头市大学路 243 号汕头大学校园内　邮政编码：515063

电　　话：0754-82904613

印　　刷：三河市南阳印刷有限公司

开　　本：690mm×960mm 1/16

印　　张：18

字　　数：226 千字

版　　次：2018 年 5 月第 1 版

印　　次：2021 年 7 月第 2 次印刷

定　　价：59. 60 元（全 2 册）

ISBN 978-7-5658-3528-5

前　言

习近平总书记指出："推进全民守法，必须着力增强全民法治观念。要坚持把全民普法和守法作为依法治国的长期基础性工作，采取有力措施加强法制宣传教育。要坚持法治教育从娃娃抓起，把法治教育纳入国民教育体系和精神文明创建内容，由易到难、循序渐进不断增强青少年的规则意识。要健全公民和组织守法信用记录，完善守法诚信褒奖机制和违法失信行为惩戒机制，形成守法光荣、违法可耻的社会氛围，使遵法守法成为全体人民共同追求和自觉行动。"

中共中央、国务院曾经转发了中央宣传部、司法部关于在公民中开展法治宣传教育的规划，并发出通知，要求各地区各部门结合实际认真贯彻执行。通知指出，全民普法和守法是依法治国的长期基础性工作。深入开展法治宣传教育，是全面建成小康社会和新农村的重要保障。

普法规划指出：各地区各部门要根据实际需要，从不同群体的特点出发，因地制宜开展有特色的法治宣传教育坚持集中法治宣传教育与经常性法治宣传教育相结合，深化法律进机关、进乡村、进社区、进学校、进企业、进单位的"法律六进"主题活动，完善工作标准，建立长效机制。

特别是农业、农村和农民问题，始终是关系党和人民事业发展的全局性和根本性问题。党中央、国务院发布的《关于推进社会主义新农村建设的若干意见》中明确提出要"加强农村法制建设，深入开展农村普法教育，增强农民的法制观念，提高农民依法行使权利和履行义务的自觉性。"多年普法实践证明，普及法律知识，提高法制观念，增强全社会依法办事意识具有重要作用。特别是在广大农村进行普法教育，是提高全民法律素质的需要。

多年来，我国在农村实行的改革开放取得了极大成功，农村发生了翻天覆地的变化，广大农民生活水平大大得到了提高。但是，由于历史和社会等原因，现阶段我国一些地区农民文化素质还不高，不学法、不懂法、不守法现象虽然较原来有所改变，但仍有相当一部分群众的法制观念仍很淡化，不懂、不愿借助法律来保护自身权益，这就极易受到不法的侵害，或极易进行违法犯罪活动，严重阻碍了全面建成小康社会和新农村步伐。

为此，根据党和政府的指示精神以及普法规划，特别是根据广大农村农民的现状，在有关部门和专家的指导下，特别编辑了这套《全国普法学习读本》。主要包括了广大人民群众应知应懂、实际实用的法律法规。为了辅导学习，附录还收入了相应法律法规的条例准则、实施细则、解读解答、案例分析等；同时为了突出法律法规的实际实用特点，兼顾地方性和特殊性，附录还收入了部分某些地方性法律法规以及非法律法规的政策文件、管理制度、应用表格等内容，拓展了本书的知识范围，使法律法规更“接地气”，便于读者学习掌握和实际应用。

在众多法律法规中，我们通过甄别，淘汰了废止的，精选了最新的、权威的和全面的。但有部分法律法规有些条款不适应当下情况了，却没有颁布新的，我们又不能擅自改动，只得保留原有条款，但附录却有相应的补充修改意见或通知等。众多法律法规根据不同内容和受众特点，经过归类组合，优化配套。整套普法读本非常全面系统，具有很强的学习性、实用性和指导性，非常适合用于广大农村和城乡普法学习教育与实践指导。总之，是全国全民普法的良好读本。

目　录

中华人民共和国渔业法实施细则

渔业安全方面有关规定

渔业捕捞许可管理规定

中华人民共和国渔业法实施细则

（一九八七年十月十四日国务院批准，一九八七年十月二十日农牧渔业部发布）

第一章　总　则

第一条　根据《中华人民共和国渔业法》（以下简称《渔业法》）第三十四条的规定，制定本实施细则。

第二条　《渔业法》及本实施细则中下列用语的含义是：

（一）“中华人民共和国的内水”，是指中华人民共和国领海基线向陆一侧的海域和江河、湖泊等内陆水域。

（二）“中华人民共和国管辖的一切其他海域”，是指根据中华人民共和国法律，中华人民共和国缔结、参加的国际条约、协定或者其他有关国际法，而由中华人民共和国管辖的海域。

（三）“渔业水域”，是指中华人民共和国管辖水域中鱼、虾、蟹、贝类的产卵场、索饵场、越冬场、洄游通道和鱼、虾、蟹、贝、藻类及其他水行动植物的养殖场所。

第二章 渔业的监督管理

第三条 国家对渔业的监督管理，实行统一领导、分级管理。国务院划定的“机动渔船底施网禁渔区线”外侧，属于中华人民共和国管辖海域的渔业，由国务院渔业行政主管部门及其所属的海区渔政管理机构监督管理；“机动渔船底拖网禁渔区线”内侧海域的渔业，除国家另有规定者外，由毗邻海域的省、自治区、直辖市人民政府渔业行政主管部门监督管理。

内陆水域渔业，按照行政区划由当地县级以上地方人民政府渔业行政主管部门监督管理；跨行政区域的内陆水域渔业，由有关县级以上地方人民政府协商制定管理办法，或者由一级人民政府渔业行政主管部门及其所属的渔政监督管理机构监督管理；跨省、自治区、直辖市的大型江河的渔业，可以由国务院渔业行政主管部门监督管理。

重要的、洄游性的共用渔业资源，由国家统一管理；定居性的、小宗的渔业资源，由地方人民政府渔业行政主管部门管理。

第四条 “机动渔船底拖网禁渔区线”内侧海域的渔业，由有关省、自治区、直辖市人民政府渔业行政主管部门协商划定监督管理范围；划定监督管理范围有困难的，可划叠区或者共管区管理，必要时由国务院渔业行政主管部门决定。

第五条 渔场和渔汛生产，应当以渔业资源可捕量为依据，按照有利于保护、增殖和合理利用渔业资源，优先安排邻近地区、兼顾其他地区的原则，统筹安排。

舟山渔场冬季带鱼汛，浙江渔场大黄渔汛、闽东、闽中渔场大黄鱼汛，吕泗渔场大黄鱼、小黄鱼、鲳鱼汛，渤渔渔场秋季对虾汛等主要渔场、渔讯和跨海区管理线的捕捞作业，由国务院渔业行政主管部门或其授权单位安排。

第六条 国务院渔业行政主管部门的渔政渔港监督管理机构，代表国家行使渔政渔港监督管理权。

国务院渔业行政主管部门在黄渤海、东海、南海三个海区设渔政监督管理机构；在重要渔港、边境水域和跨省、自治区、直辖市的大型江河，根据需要设渔政渔港监督管理机构。

第七条 渔政检查人员有权对各种渔业及渔业船舶的证件、渔船、渔具、渔获物和捕捞方法，进行检查。

渔政检查人员经国务院渔业行政主管部门或者省级人民政府渔业行政主管部门考核，合格者方可执行公务。

第八条 渔业行政主管部门及其所属的渔政监督管理机构，应当与公安、海监、交通、环保、工商行政管理等有关部门相互协作，监督检查渔业法规的施行。

第九条 群众性保护渔管理组织，应当在当地县级以上人民政府渔业行政主管部门的业务指导下，依法开展护渔管理工作。

第三章 养殖业

第十条 使用全民所有的水面、滩涂，从事养殖生产的全民所有制单位和集体所有制单位，应当向县级以上地方人民政府申请养殖使用证。

全民所有的水面、滩涂在一县行政区域内的，由该县人民政府核发养殖使用证；跨县的，由有关县协商核发养殖使用证，必要时由上级人民政府决定核发养殖使用证。

第十一条 领取养殖使用证的单位，无正当理由未从事养殖生产，或者放养量低于当地同类养殖水域平均放养量60%的，应当视为荒芜。

第十二条 全民所有的水面、滩涂中的鱼、虾、蟹、贝、藻类的自然产卵场、繁殖场、索饵场及重要的洄游通道必须予以保护，不得划作养殖场所。

第十三条 国家建设征用集体所有的水面、滩涂，按照国家土地管理法规办理。

第四章 捕捞业

第十四条 近海渔场与外海渔场的划分：

（一）渤海、黄海为近海渔场。

（二）下列四个基点之间连线内侧海域为东海近海渔场；四个基点之间连线外侧海域为东海外海渔场。四个基点是：

1. 北纬33度，东经125度；

2. 北纬29度，东经125度；

3. 北纬28度，东经124度30分；

4. 北纬27度，东经123度。

（三）下列两条等深线之内侧海域为南海近海渔场；两条等深线之外侧海域为南海外海渔场。两条等深线是：

1. 东经112度以东之80米等深线；

2. 东经112度以西之100米等深线。

第十五条 国家对捕捞业，实行捕捞许可制度。

从事外海、远洋捕捞业的，由经营者提出申请，经省、自治区、直辖市人民政府渔业行政主管部门审核后，报国务院渔业行政主管部门批准。从事外海生产的渔船，必须按照批准的海域和渔期作业，不得擅自进入近海捕捞。

近海大型拖网、围网作业的捕捞许可证，由国务院渔业行政主管部门批准发放；近海其他作业的捕捞许可证，由省、自治区、直辖市人民政府渔业行政主管部门按照国家下达的船网工具控制指标批准发放。

内陆水域的捕捞许可证，由县级以上地方人民政府渔业行政主管部门批准发放。

捕捞许可证的格式，由国务院渔业行政主管部门制定。

第十六条 在中华人民共和国管辖水域，中外合资、中外合作经营的渔业企业，未经国务院有关主管部门批准，不得从事近海捕捞业。

第十七条 有下列情形之一的，不得发放捕捞许可证：

（一）使用破坏渔业资源、被明令禁止使用的渔具或者捕捞方法的；

（二）未按国家规定办理批准手续，制造、更新改造、购置或者进口捕捞渔船的；

（三）未按国家规定领取渔业船舶证书、航行签证簿、职务船员证书、船舶户口簿、渔民证等证件的。

第十八条 娱乐性游钓和在尚未养殖、管理的滩涂手工采集零星水产品的，不必申请捕捞许可证，但应当加强管理，防止破坏渔业资源。具体管理办法由县级以上人民政府制定。

第十九条 因科学研究等特殊需要，在禁渔区、禁渔期捕捞，或者使用禁用的渔具、捕捞方法，或者捕捞重点保护的渔业资源品种，必须经省级以上人民政府渔业行政主管部门批准。

第五章　渔业资源的增殖和保护

第二十条　禁止使用电力、鱼鹰捕鱼和敲舶作业。在特定水域确有必要使用电力或者鱼鹰捕鱼时，必须经省、自治区、直辖市人民政府渔业行政主管部门批准。

第二十一条　县级以上人民政府渔业行政主管部门，应当依照本实施细则第三条规定的管理权限，确定重点保护的渔业资源品种及采捕标准。在重要鱼、虾、蟹、贝、藻类，以及其他重要水生生物的产卵场、索饵场、越冬场和洄游通道，规定禁渔区和禁渔期，禁止使用或者限制使用的渔具和捕捞方法，最小网目尺寸，以及制定其他保护渔业资源的措施。

第二十二条　在“机动渔船底拖网禁渔区线”外侧建造人工鱼礁的，必须经国务院渔业行政主管部门批准；在“机动渔船底拖网禁渔区线”内侧建造人工鱼礁的，必须经有关省、自治区、直辖市人民政府渔业行政主管部门或其授权单位批准。

建造人工鱼礁，应当避开主要航道和重要锚地，并通知有关交通和海洋管理部门。

第二十三条　定置渔业一般不得跨县作业。县级以上人民政府渔业行政主管部门应当限制其网桩数量、作业场所，并规定禁渔期。海洋定置渔业，不得越出“机动渔船底拖网禁渔区线”。

第二十四条　因养殖或者其他特殊需要，捕捞鳗鲡、鲥鱼、中华绒螯蟹、真鲷、石斑鱼等有重要经济价值的水生动物苗种或者禁捕的怀卵亲体的，必须经国务院渔业行政主管部门或者省、自治区、直辖市人民政府渔业行政主管部门批准，并领专项许可证件，方可在指定区域和时间内，按照批准限额捕捞。捕捞其他有重要经济价值的水生动物苗种的批准权，由省、自治区、直辖市人民政府渔业行政主管部门规定。

第二十五条 禁止捕捞中国对虾苗种和春季亲虾。因养殖需要中国对虾怀卵亲体的，应当限期由养殖单位自行培育，期限及管理办法由国务院渔业行政主管部门制定。

第二十六条 任何单位和个人，在鱼、虾、蟹、贝幼苗的重点产区直接引水、用水的、应当采取避开幼苗的密集期、密集期、密集区，或者设置网栅等保护措施。

第二十七条 各级渔业行政主管部门，应当对渔业水域污染情况进行监测，渔业环境保护监测网，应当纳入全国环境监测网络。因污染造成渔业损失的，应当由渔政渔港监督管理部门协同环保部门调查处理。

第二十八条 在重点渔业水域不得从事拆船业。在其他渔业水域从事拆船业，造成渔业资源损害的，由拆船单位依照有关规定负责赔偿。

第六章 罚 则

第二十九条 依照《渔业法》第二十八条规定处以罚款的，按下列规定执行：

（一）炸鱼、毒鱼的，违反关于禁渔区、禁渔期的规定进行捕捞的，擅自捕捞国家规定禁止捕捞的珍贵水生动物的，在内陆水域处五十元至五千元罚款，在海洋处五百元至五万元罚款；

（二）敲（舟古）作业的，处一千元至五万元罚款；

（三）未经批准使用鱼鹰捕鱼的，处五十元至二百元罚款；

（四）未经批准使用电力捕鱼的，在内陆水域处二百元至一千元罚款，在海洋处五百元至三千元罚款；

（五）使用小于规定的最小网目尺寸的网具进行捕捞的，处五十元至一千元罚款。

第三十条 依照《渔业法》第二十九条规定以罚款的，按罚款一千元以下执行。

第三十一条 依照《渔业法》第三十条规定需处以罚款的，按下列规定执行：

（一）内陆渔业非机动渔船，处五十元至一百五十元罚款；

（二）内陆渔业机动渔船和海洋渔业非机动渔船，处一百元至五百元罚款；

（三）海洋渔业机动渔船，处二百元至二万元罚款。

第三十二条 依照《渔业法》第三十一条规定需处以罚款的，按下列规定执行：

（一）内陆渔业非机动渔船，处二十五元至五十元罚款；

（二）内陆渔业机动渔船和海洋渔业非机动渔船，处五十元至一百元罚款；

（三）海洋渔业机动渔船，处五十元至三千元罚款；

（四）外海渔船擅自进入近海捕捞的，处三千元至二万元罚款。

第三十三条 买卖、出租或者以其他形式非法转让以及涂改捕捞许可证的，没收违法所得，吊销捕捞许可证，可以并处一百元至一千元罚款。

第三十四条 依照《渔业法》第二十八条、第三十条、第三十一条、第三十二条规定需处以罚款的，对船长或者单位负责人可以视情节另处一百元至五百元罚款。

第三十五条 未按《渔业法》和本实施细则有关规定，采取保护措施，造成渔业资源损失的，围湖造田或者未经批准围垦沿海滩涂的，应当依法承担责任。

第三十六条 中外合资、中外合作经营的渔业企业，违反本实施细则第十六条规定，没收渔获物和违法所得，可以并处三千元至五万元罚款。

第三十七条 外国人，外国渔船违反《渔业法》第八条规定，擅自进入中华人民共和国管辖水域从事渔业生产或者渔业资源调查活动的，渔业行政主管部门或其所属的渔政监督管理机构应当令其离开或者将其驱逐，并可处以罚款和没收渔获物、渔具。

第三十八条 渔业行政主管部门或其所属的渔政监督管理机构进行处罚时，应当填发处罚决定书；处以罚款及没收渔具、渔获物和违法所得的，应当开具凭证，并在捕捞许可证上载明。

第三十九条 有下列行为之一的，由公安机关依照《中华人民共和国治安管理处罚条例》的规定处罚；构成犯罪的，由司法机关依法追究刑事责任：

（一）拒绝、阻碍渔政检查人员依法招待职务的；

（二）偷窃、哄抢或者破坏渔具、渔船、渔获物的。

第四十条 渔政检查人员玩忽职守或者徇私枉法的，由其所在单位或者上级主管部门给予行政部分；构成犯罪的，依法追究刑事责任。

第七章　附　则

第四十一条 本实施细则由农牧渔业部负责解释。

第四十二条 本实施细则自发布之日起施行。

附　录

渔业船舶登记办法

中华人民共和国农业部令

2012 年第 8 号

《中华人民共和国渔业船舶登记办法》已经 2012 年农业部第 10 次常务会议审议通过，现予公布，自 2013 年 1 月 1 日起施行。农业部 1996 年 1 月 22 日发布，1997 年 12 月 25 日、2004 年 7 月 1 日、2010 年 11 月 26 日修订的《中华人民共和国渔业船舶登记办法》（农渔发〔1996〕2 号）同时废止。

农业部部长

2012 年 10 月 22 日

第一章　总　则

第一条　为加强渔业船舶监督管理，确定渔业船舶的所有权、国籍、船籍港及其他有关法律关系，保障渔业船舶登记有关各方的合法权益，根据《中华人民共和国海上交通安全法》、《中华人民共和国渔业法》、《中华人民共和国海商法》等有关法律、法规的规定，制定本办法。

第二条 中华人民共和国公民或法人所有的渔业船舶，以及中华人民共和国公民或法人以光船条件从境外租进的渔业船舶，应当依照本办法进行登记。

第三条 农业部主管全国渔业船舶登记工作。中华人民共和国渔政局具体负责全国渔业船舶登记及其监督管理工作。

县级以上地方人民政府渔业行政主管部门主管本行政区域内的渔业船舶登记工作。县级以上地方人民政府渔业行政主管部门所属的渔港监督机关（以下称登记机关）依照规定权限负责本行政区域内的渔业船舶登记及其监督管理工作。

第四条 渔业船舶依照本办法进行登记，取得中华人民共和国国籍，方可悬挂中华人民共和国国旗航行。

第五条 渔业船舶不得具有双重国籍。凡在境外登记的渔业船舶，未中止或者注销原登记国籍的，不得取得中华人民共和国国籍。

第六条 渔业船舶所有人应当向户籍所在地或企业注册地的县级以上登记机关申请办理渔业船舶登记。

远洋渔业船舶登记由渔业船舶所有人向所在地省级登记机关申请办理。中央在京直属企业所属远洋渔业船舶登记由渔业船舶所有人向船舶所在地的省级登记机关申请办理。

渔业船舶登记的港口是渔业船舶的船籍港。每艘渔业船舶只能有1个船籍港。

省级登记机关应当根据本行政区域渔业船舶管理实际确定省级以下登记机关的登记权限和船籍港名称，并对外公告。

第七条 登记机关应当建立渔业船舶登记簿，并将渔业船舶登记的内容载入渔业船舶登记簿。

权利人和利害关系人有权依法查阅渔业船舶登记簿。

第八条 登记机关应当将登记的事项、依据、条件、程序、期限以及需要提交的全部材料目录和申请书示范文本在办公场所进行公示。

登记机关应当自受理申请之日起20个工作日内作出是否准予渔业船舶登记的决定。不予登记的，书面通知当事人并说明理由。

第二章 船名核定

第九条 渔业船舶只能有1个船名。

远洋渔业船舶、科研船和教学实习船的船名由申请人提出，经省级渔业船舶登记机关审核后，报中华人民共和国渔政局核定。公务船舶的船名按照农业部的规定办理。

前款规定以外的其他渔业船舶的船名由登记机关按农业部的统一规定核定。

第十条 有下列情形之一的，渔业船舶所有人或承租人应当向登记机关申请船名：

（一）制造、进口渔业船舶的；

（二）因继承、赠与、购置、拍卖或法院生效判决取得渔业船舶所有权，需要变更船名的；

（三）以光船条件从境外租进渔业船舶的。

第十一条 申请渔业船舶船名核定，申请人应当填写渔业船舶船名申请表，交验渔业船舶所有人或承租人的户口簿或企业法人营业执照，并提交下列材料：

（一）捕捞渔船和捕捞辅助船应当提交省级以上人民政府渔业行政主管部门签发的渔业船网工具指标批准书；

（二）养殖渔船应当提交渔业船舶所有人持有的养殖证；

（三）从境外租进的渔业船舶，应当提交农业部同意租赁的批准文件；

（四）申请变更渔业船舶船名的，应当提供变更理由及相关证明材料。

第十二条 登记机关应当自受理申请之日起7个工作日内作出核定决定。予以核定的，向申请人核发渔业船舶船名核定书，同时确定该渔业船舶的船籍港。不予核定的，书面通知当事人并说明理由。

省级登记机关受理远洋渔业船舶船名申请的，应当自受理申请之日起7个工作日内签署审核意见，报中华人民共和国渔政局核定。省级登记机关在审核远洋渔业船舶的船名时，应当同时确定船籍港。

第十三条 渔业船舶船名核定书的有效期为18个月。

超过有效期未使用船名的，渔业船舶船名核定书作废，渔业船舶所有人应当按照本办法规定重新提出申请。

第三章　所有权登记

第十四条 渔业船舶所有权的取得、转让和消灭，应当依照本办法进行登记；未经登记的，不得对抗善意第3人。

第十五条 渔业船舶所有权登记，由渔业船舶所有人申请。共有的渔业船舶，由持股比例最大的共有人申请；持股比例相同的，由约定的共有人一方申请。

申请渔业船舶所有权登记，应当填写渔业船舶所有权登记申请表，并提交下列材料：

（一）渔业船舶所有人户口簿或企业法人营业执照。

（二）取得渔业船舶所有权的证明文件：

1. 制造渔业船舶，提交建造合同和交接文件；

2. 购置渔业船舶，提交买卖合同和交接文件；

3. 因继承、赠与、拍卖以及法院判决等原因取得所有权的，提交具有相应法律效力的证明文件；

4. 渔业船舶共有的，提交共有协议；

5. 其他证明渔业船舶合法来源的文件。

（三）渔业船舶检验证书、渔业船舶船名核定书。

（四）反映船舶全貌和主要特征的渔业船舶照片。

（五）原船籍港登记机关出具的渔业船舶所有权注销登记证明书（制造渔业船舶除外）。

（六）捕捞渔船和捕捞辅助船的渔业船网工具指标批准书。

（七）养殖渔船所有人持有的养殖证。

（八）进口渔业船舶的准予进口批准文件和办结海关手续的证明。

（九）农业部规定的其他材料。

登记机关准予登记的，向渔业船舶所有人核发渔业船舶所有权登记证书。

第四章　国籍登记

第十六条　渔业船舶应当依照本办法进行渔业船舶国籍登记，方可取得航行权。

第十七条　渔业船舶国籍登记，由渔业船舶所有人申请。

申请国籍登记，应当填写渔业船舶国籍登记申请表，并提交下列材料：

（一）渔业船舶所有人的户口簿或企业法人营业执照；

（二）渔业船舶所有权登记证书；

（三）渔业船舶检验证书；

（四）捕捞渔船和捕捞辅助船的渔业船网工具指标批准书；

（五）养殖渔船所有人持有的养殖证；

（六）进口渔业船舶的准予进口批准文件和办结海关手续的证明；

（七）渔业船舶委托其他渔业企业代理经营的，提交代理协议和代理企业的营业执照；

（八）原船籍港登记机关出具的渔业船舶国籍注销或者中止证明书（制造渔业船舶除外）；

（九）农业部规定的其他材料。

国籍登记与所有权登记同时申请的，免予提交前款规定的第一、二、三、四、五、六项材料。

登记机关准予登记的，向船舶所有人核发渔业船舶国籍证书，同时核发渔业船舶航行签证簿，载明船舶主要技术参数。

第十八条 从事国内作业的渔业船舶经批准从事远洋渔业的，渔业船舶所有人应当持有关批准文件和国际渔船安全证书向省级登记机关申请换发渔业船舶国籍证书，并将原渔业船舶国籍证书交由省级登记机关暂存。

第十九条 经农业部批准从事远洋渔业的渔业船舶，需要加入他国国籍方可在他国管辖海域作业的，渔业船舶所有人应当持有关批准文件和国际渔船安全证书向省级登记机关申请中止渔业船舶国籍。登记机关准予中止国籍的，应当封存该渔业船舶国籍证书和航行签证簿，并核发渔业船舶国籍中止证明书。

依照前款规定中止国籍的渔业船舶申请恢复国籍的，应当持有关批准文件和他国登记机关出具的注销该国国籍证明书或者将于重新登记时立即注销该国国籍的证明书，向省级登记机关提出申请。登记机关准予恢复国籍的，应当发还该渔业船舶国籍证书和航行签证簿，并收回渔业船舶国籍中止证明书。

第二十条 以光船条件从境外租进渔业船舶的，承租人应当持光船租赁合同、渔业船舶检验证书或报告、农业部批准租进的文件和原登记机关出具的中止或者注销原国籍的证明书，或者将于重新登记时立即中止或者注销原国籍的证明书，向省级登记机关申请办理临时渔业船舶国籍证书。

第二十一条 渔业船舶国籍证书有效期为5年。

对达到农业部规定的老旧渔业船舶船龄的渔业船舶，登记机关核发渔业船舶国籍证书时，其证书有效期限不得超过渔业船舶检验证书记载的有效期限。

第二十二条 以光船租赁条件从境外租进的渔业船舶，临时渔业船舶国籍证书的有效期根据租赁合同期限确定，但是最长不得超过两年。

租赁合同期限超过两年的，承租人应当在证书有效期届满30日前，持渔业船舶租赁登记证书、原临时渔业船舶国籍证书和租赁合同，向原登记机关申请换发临时渔业船舶国籍证书。

第二十三条 渔业船舶国籍证书或临时渔业船舶国籍证书必须随船携带。

第五章 抵押权登记

第二十四条 渔业船舶抵押权的设定、转移和消灭，抵押权人和抵押人应当共同依照本办法进行登记；未经登记的，不得对抗善意第三人。

第二十五条 渔业船舶所有人或其授权的人可以设定船舶抵押权。

渔业船舶共有人就共有渔业船舶设定抵押权时，应当提供2/3以上份额或者约定份额的共有人同意的证明文件。

渔业船舶抵押权的设定，应当签订书面合同。

第二十六条 同一渔业船舶可以依法设定两个以上抵押权，抵押关系设定顺序，以抵押登记的先后为准。

第二十七条 抵押权人和抵押人共同申请渔业船舶抵押权登记，应当填写渔业船舶抵押权登记申请表，并提交下列材料：

(一) 抵押权人和抵押人的户口簿或企业法人营业执照；

(二) 渔业船舶所有权登记证书；

(三) 抵押合同及其主合同；

(四) 农业部规定的其他材料。

登记机关准予登记的，应当将抵押权登记情况载入渔业船舶所有权登记证书，并向抵押权人核发渔业船舶抵押权登记证书。

第二十八条 抵押权人依法转移船舶抵押权的，应当和承转人持渔业船舶所有权登记证书、渔业船舶抵押权登记证书和船舶抵押权转移合同，向原登记机关申请办理抵押权转移登记。

办理渔业船舶抵押权转移登记，抵押权人应当事先通知抵押人。

登记机关准予登记的，应当将有关抵押权转移情况载入渔业船舶所有权登记证书，封存原渔业船舶抵押权登记证书，并向承转人核发渔业船舶抵押权登记证书。

第六章 光船租赁登记

第二十九条 以光船条件出租渔业船舶，或者以光船条件租进境外渔业船舶的，出租人和承租人应当依照本办法进行光船租赁登记；未经登记的，不得对抗善意第三人。

第三十条 中国籍渔业船舶以光船条件出租给中国籍公民或法人的，出租人和承租人应当共同填写渔业船舶租赁登记申请表，向船籍港登记机关申请办理光船租赁登记，并提交下列材料：

（一）承租人的户口簿或企业法人营业执照。

（二）渔业船舶所有权登记证书、渔业船舶国籍证书、渔业船舶检验证书和渔业船舶航行签证簿。

（三）租赁合同。

（四）租赁捕捞渔船和捕捞辅助船的，提交出租人所在地渔业行政主管部门出具的捕捞许可证注销证明、承租人所在地渔业行政主管部门同意租赁渔业船舶的证明文件；租赁远洋渔业船舶或者跨省租赁渔业船舶的，还应当经出租人和承租人双方所在地省级人民政府渔业行政主管部门同意后报农业部批准。

（五）渔业船舶已设定抵押权的，提供抵押权人同意出租该渔业船舶的证明文件。

（六）农业部规定的其他材料。

登记机关准予登记的，应当将租赁情况载入渔业船舶所有权登记证书和国籍证书，并向出租人和承租人核发渔业船舶租赁登记证书各1份。

第三十一条 中国籍渔业船舶以光船条件出租到境外的，出租人应当持本办法第三十条第一款第二、三、五、六项规定的文件，向船籍港登记机关申请办理光船租赁登记。捕捞渔船和捕捞辅助船还应当提供省级以上人民政府渔业行政主管部门出具的渔业捕捞许可证暂存证明。

登记机关准予登记的，应当中止该渔业船舶国籍，封存渔业船舶国籍证书和航行签证簿，将租赁情况载入渔业船舶所有权登记证书和国籍证书，并向出租人核发渔业船舶租赁登记证书和渔业船舶国籍中止证明书。

第三十二条 中国籍公民或法人以光船条件租进境外渔业船舶的，承租人应当填写渔业船舶租赁登记申请表，向所在地省级登记机关申请办理光船租赁登记，并提交下列材料：

（一）承租人的户口簿或企业法人营业执照；

（二）租赁合同；

（三）国家渔业船舶检验机构签发的渔业船舶检验证书或检验报告；

（四）境外登记机关出具的中止或注销该船国籍的文件，或者将于重新登记时立即中止或注销船舶国籍的文件；

（五）农业部批准租进的文件；

（六）农业部规定的其他材料。

登记机关准予登记的，应当向承租人核发渔业船舶租赁登记证书，并将租赁登记内容载入临时渔业船舶国籍证书。

第七章　变更登记和注销登记

第三十三条 下列登记事项发生变更的，渔业船舶所有人应当向原登记机关申请变更登记：

（一）船名；

（二）船舶主尺度、吨位或船舶种类；

（三）船舶主机类型、数量或功率；

（四）船舶所有人姓名、名称或地址（船舶所有权发生转移的除外）；

（五）船舶共有情况；

（六）船舶抵押合同、租赁合同（解除合同的除外）。

第三十四条 渔业船舶所有人申请变更登记，应当填写渔业船舶变更登记申请表，并提交下列材料：

（一）渔业船舶所有人的户口簿或企业法人营业执照。

（二）渔业船舶所有权登记证书、渔业船舶国籍证书、渔业船舶检验证书和航行签证簿。

（三）变更登记证明材料：

1. 船名变更的，提交渔业船舶船名核定书。

2. 更新改造捕捞渔船和捕捞辅助船的，提交渔业船网工具指标批准书。

3. 渔业船舶所有人姓名、名称或地址变更的，提交公安部门或者工商行政管理部门核发的变更证明文件。

4. 船舶抵押合同变更的，提交抵押合同及补充协议和抵押权登记证书；船舶租赁合同变更的，提交租赁合同及补充协议和租赁登记证书。

5. 船舶共有情况变更的，提交共有协议和共有各方同意变更的书面证明。

（四）农业部规定的其他材料。

登记机关受理变更登记申请，经审查发现申请变更事项将导致登记机关发生变更的，应当书面通知渔业船舶所有人向有权机关申请办理渔业船舶登记，并将船舶登记档案转交给有权机关。

登记机关准予变更登记的，应当换发相关证书，并收回、注销原有证书。换发的证书有效期不变。

第三十五条 渔业船舶有下列情形之一的，渔业船舶所有人

应当向登记机关申请办理渔业船舶所有权注销登记:

(一) 所有权转移的;

(二) 灭失或失踪满6个月的;

(三) 拆解或销毁的;

(四) 自行终止渔业生产活动的。

第三十六条 渔业船舶所有人申请注销登记，应当填写渔业船舶注销登记申请表，并提交下列材料:

(一) 渔业船舶所有人的户口簿或企业法人营业执照。

(二) 渔业船舶所有权登记证书、国籍证书和航行签证簿。因证书灭失无法交回的，应当提交书面说明和在当地报纸上公告声明的证明材料。

(三) 捕捞渔船和捕捞辅助船的捕捞许可证注销证明。

(四) 注销登记证明材料:

1. 渔业船舶所有权转移的，提交渔业船舶买卖协议或所有权转移的其他法律文件;

2. 渔业船舶灭失或失踪6个月以上的，提交有关渔港监督机构出具的证明文件;

3. 渔业船舶拆解或销毁的，提交有关渔业行政主管部门出具的渔业船舶拆解、销毁或处理证明;

4. 渔业船舶已办理抵押权登记或租赁登记的，提交相应登记注销证明书;

5. 自行终止渔业生产活动的，提交不再从事渔业生产活动的书面声明。

(五) 农业部规定的其他材料。

登记机关准予注销登记的，应当收回前款第二项所列证书，并向渔业船舶所有人出具渔业船舶注销登记证明书。

登记机关在注销渔业船舶所有权登记时，应当同时注销该渔业船舶国籍。

第三十七条 渔业船舶所有权因依法拍卖和法院生效判决发生转移，但原所有人未申请注销的，依法取得该渔业船舶所有权的所有人可以向登记机关申请注销所有权登记，并提交第三十六条第一项、第三项、第四项第一目、第五项所列材料。登记机关经审查准予注销登记的，应当向申请人出具渔业船舶注销登记证明书。

渔业船舶灭失或失踪、拆解或销毁的，依法取得渔业船舶相关权利的权利人可以依照前款规定向登记机关申请注销登记。

登记机关准予注销渔业船舶所有权登记和国籍的，应当予以公告。

第三十八条 渔业船舶有第三十五条第二、三项情形之一，但所有人或者依法取得渔业船舶相关权利的权利人未申请注销所有权登记的，登记机关经查明，可在上述情形发生6个月后，在当地报纸上发布拟注销登记公告。自公告发布之日起30日内无异议或异议不成立的，登记机关可注销该渔业船舶所有权登记和国籍登记，并予以公告。

第三十九条 有下列情形之一的，登记机关可直接注销该渔业船舶国籍：

（一）国籍证书有效期满未延续的；

（二）渔业船舶检验证书有效期满未依法延续的；

（三）以贿赂、欺骗等不正当手段取得渔业船舶国籍的；

（四）依法应当注销的其他情形。

第四十条 已经办理注销登记的灭失或失踪的渔业船舶，经打捞或寻找，原船恢复后，渔业船舶所有人应当书面说明理由，持有关证明文件，依照本办法向原登记机关重新申请办理渔业船舶登记。

第四十一条 船舶抵押合同解除，抵押权人和抵押人应当填写渔业船舶抵押权注销登记申请表，持渔业船舶所有权登记证书、渔业船舶抵押权登记证书、经抵押权人签字的解除抵押合同的文件和双方身份证明文件，向登记机关申请办理船舶抵押权注销登记。

登记机关准予注销登记的，应当注销其在渔业船舶所有权登记证书上的抵押登记记录，收回渔业船舶抵押权登记证书，存入该船登记档案。

第四十二条 中国籍渔业船舶以光船条件出租给中国籍公民或法人的光船租赁合同期满或光船租赁关系终止，出租人和承租人应当自光船租赁合同期满或光船租赁关系终止之日起 30 日内，填写渔业船舶租赁登记注销申请表，向登记机关申请办理光船租赁注销登记，并提交下列材料：

（一）渔业船舶所有权登记证书、国籍证书；

（二）渔业船舶租赁登记证书；

（三）光船租赁合同或者终止光船租赁关系的证明文件；

（四）捕捞渔船和捕捞辅助船的捕捞许可证注销证明；

（五）农业部规定的其他材料。

登记机关准予注销登记的，应当注销渔业船舶所有权登记证书和国籍证书上的光船租赁登记记录，收回渔业船舶租赁登记证书，向出租人、承租人分别出具渔业船舶租赁登记注销证明书。

第四十三条 中国籍渔业船舶以光船条件出租到境外的光船租赁合同期满或光船租赁关系终止，出租人应当自光船租赁合同期满或光船租赁关系终止之日起 30 日内，填写渔业船舶租赁登记注销申请表，向登记机关申请办理光船租赁注销登记，并提交下列材料：

（一）渔业船舶所有权登记证书；

（二）渔业船舶租赁登记证书；

（三）光船租赁合同或者终止光船租赁关系的证明文件；

（四）境外登记机关出具的国籍登记注销证明书或者将于重新登记时立即注销船舶国籍的证明书；

（五）农业部规定的其他材料。

登记机关准予注销登记的，应当注销渔业船舶所有权登记证书和国籍证书上的光船租赁登记记录，收回渔业船舶租赁登记证书，向出租人出具渔业船舶租赁登记注销证明书，并发还封存的渔业船舶国籍证书和航行签证簿，依法恢复该船国籍。

第四十四条 中国籍公民或法人以光船租赁条件从境外租进渔业船舶的光船租赁合同期满或光船租赁关系终止，承租人应当自光船租赁合同期满或光船租赁关系终止之日起30日内，填写渔业船舶租赁登记注销申请表，向登记机关申请办理光船租赁注销登记，并提交下列材料：

（一）渔业船舶租赁登记证书；

（二）光船租赁合同或者终止光船租赁关系的证明文件；

（三）临时渔业船舶国籍证书和航行签证簿；

（四）捕捞渔船和捕捞辅助船的捕捞许可证注销证明；

（五）农业部规定的其他材料。

登记机关准予注销登记的，应当注销该光船租赁登记记录，收回临时渔业船舶国籍证书和渔业船舶租赁登记证书，向承租人出具渔业船舶租赁登记注销证明书。

第八章 证书换发和补发

第四十五条 渔业船舶所有人应当在渔业船舶国籍证书有效

期届满3个月前，持渔业船舶国籍证书和渔业船舶检验证书到登记机关申请换发国籍证书。

渔业船舶登记证书污损不能使用的，渔业船舶所有人应当持原证书向登记机关申请换发。

第四十六条 渔业船舶登记相关证书、证明遗失或者灭失的，渔业船舶所有人应当在当地报纸上公告声明，并自公告发布之日起15日后凭有关证明材料向登记机关申请补发证书、证明。

申请补发渔业船舶国籍证书期间需要航行作业的，渔业船舶所有人可以向原登记机关申请办理有效期不超过1个月的临时渔业船舶国籍证书。

第四十七条 渔业船舶国籍证书在境外遗失、灭失或者损坏的，渔业船舶所有人应当向中华人民共和国驻外使（领）馆申请办理临时渔业船舶国籍证书，并同时向原登记机关申请补发渔业船舶国籍证书。

第九章 监督管理

第四十八条 县级以上人民政府渔业行政主管部门应当加强渔业船舶登记管理信息系统建设，建立健全渔业船舶数据库，提高渔业船舶登记管理和服务水平，保障渔业船舶当事人合法权益。

第四十九条 登记机关应当建立渔业船舶登记档案。

渔业船舶所有权、国籍登记注销后，登记档案应当保存不少于5年。

第五十条 禁止涂改、伪造、变造、转让渔业船舶登记证书。

有前款情形的，渔业船舶登记证书无效。

第五十一条 违反本办法规定的，依照有关法律、行政法规和规章进行处罚。

第十章 附 则

第五十二条 本办法所称渔业船舶，系指《中华人民共和国渔港水域交通安全管理条例》第四条规定的渔业船舶。

第五十三条 港澳流动渔船的登记备案，按照农业部有关港澳流动渔船管理的规定执行。

第五十四条 渔业船舶登记费的收取、使用和管理，按照国家有关规定执行。

第五十五条 渔业船舶船名核定书、渔业船舶登记簿、渔业船舶所有权登记证书、渔业船舶国籍证书、临时渔业船舶国籍证书、渔业船舶抵押权登记证书、渔业船舶租赁登记证书、渔业船舶注销或中止证明书由农业部统一印制。

渔业船舶登记申请表由各省、自治区、直辖市登记机关按农业部规定的统一格式印制。

第五十六条 各省、自治区、直辖市人民政府渔业行政主管部门可依据本办法，结合本地实际情况，制定实施办法，报农业部备案。

船长在12米以下的小型渔业船舶的登记程序可适当简化，具体办法由各省、自治区、直辖市人民政府渔业行政主管部门在制定实施办法时规定。

第五十七条 本办法自2013年1月1日起施行。农业部1996年1月22日发布，1997年12月25日、2004年7月1日、2010年11月26日修订的《中华人民共和国渔业船舶登记办法》（农渔发〔1996〕2号）同时废止。

渔业无线电管理规定

（1996年8月9日国家无线电管理委员会、农业部发布）

第一章 总 则

第一条 为了加强渔业无线电管理、维护渔业通信秩序，有效利用无线电频谱资源，保障各种无线电业务的正常进行，根据《中华人民共和国无线电管理条例》（以下简称《条例》）和国家无线电管理委员会国无管（1995）25号文件，制定本规定。

第二条 农业部渔业无线电管理领导小组（以下简称机构）在国家无线电管理委员会领导下负责授权的渔业无线电管理工作。农业部黄渤海、东海、南海区渔政渔港监督管理局的渔业无线电管理机构，在农业部渔业无线电管理机构领导下负责本海区的渔业无线电管理工作。省、自治区、直辖市和市、县（市）渔业行政主管部门的渔业无线电管理机构，根据本规定负责辖区内的渔业无线电管理工作。

第三条 凡设置使用渔业无线电台（站）和使用渔业用无线电频率，研制、生产、销售、进口渔业无线电设备的单位和个人必须遵守本规定。

第二章 管理机构及其职责

第四条 农业部渔业无线电管理机构主要职责是：

（一）贯彻执行国家无线电管理的方针、政策、法规和规章；

（二）拟定渔业无线电管理的具体规定；

（三）负责全国渔业海岸电台的统一规划、布局；规划分配给渔业无线电台使用的频率、呼号，归口报国家无线电管理委员会办理审批手续；

（四）协调处理渔业无线电管理事宜；

（五）负责农业部直属单位和远洋渔业船舶电台的管理；

（六）组织制定渔业无线电发展规划；

（七）负责全国性渔业无线电通信网和渔业安全通信网的组织与管理；

（八）组织制定渔业专用无线电通信、导航设备行业标准；

（九）对渔业无线电实施监测、监督和检查；

（十）国家无线电管理委员会委托行使的其他职责。

第五条 农业部黄渤海、东海、南海区渔政渔港监督管理局的渔业无线电管理机构，负责本海区渔业无线电通信的指导、监测、监督和检查，及农业部渔业无线电管理机构委托行使的其他职责。

第六条 设在省、自治区、直辖市渔业行政主管部门的渔业无线电管理机构在上级渔业无线电管理机构和地方无线电管理机构领导下，负责辖区内的渔业无线电管理工作，其主要职责是：

（一）贯彻执行国家无线电管理的方针、政策、法规和农业部渔业无线电管理的具体规章；

（二）拟定辖区内渔业无线电管理的具体实施办法；

（三）协调处理辖区内渔业无线电管理事宜；

（四）负责辖区内渔业海岸电台的统一规划、布局；规划分配给辖区渔业无线电台使用的频率、呼号；按规定归口报地方无线电管理机构办理审批手续；

（五）负责省、自治区、直辖市渔业船舶电台的管理；

（六）负责辖区内渔业无线电通信网和渔业安全通信网的组织与管理；

（七）对辖区内的渔业无线电台（站）和渔业无线电通信秩序进行监测、监督和检查；

（八）上级渔业无线电管理机构及地方无线电管理机构委托行使的其他职责。

第七条 设在市、县（市）渔业行政主管部门的渔业无线电管理机构在上一级渔业无线电管理机构领导下负责辖区内的渔业无线电管理工作，其主要职责是：

（一）贯彻执行上级无线电管理的方针、政策、法规和渔业无线电管理的具体规章、办法；

（二）拟定辖区内渔业无线电管理的具体实施办法；

（三）协调处理辖区内渔业无线电管理事宜；

（四）对辖区内的渔业无线电台（站）、渔业无线电通信秩序进行监督和检查；

（五）审核申办渔业无线电台的有关手续；

（六）上级渔业无线电管理机构委托行使的其他职责。

第三章 渔业无线电台（站）的设置和使用

第八条 需要设置使用渔业无线电台（站）的单位和个人，必须向本辖区内的渔业无线电管理机构提出书面申请，并按本章有关规定办理设台（站）审批手续，领取国家无线电管理委员会统一印制的电台执照。

第九条 设置使用渔业无线电台（站），必须具备以下条件：

（一）工作环境必须安全可靠；

（二）操作人员熟悉有关无线电管理规定，并具有相应的业务技能和操作资格；

（三）设台（站）单位或个人有相应的管理措施；

（四）无线电设备符合国家技术标准和有关渔业行业标准。

第十条 设置使用下列渔业无线电岸台（站），应按本条规定报请相应渔业无线电管理机构审核后，报国家或省、自治区、直辖市无线电管理委员会审批：

（一）短波岸台（站）、农业部直属单位的渔业无线电岸台（站），经农业部渔业无线电管理机构审核后报国家无线电管理委员会审批；

（二）除上述（一）项外的渔业无线电岸台（站），由省、自治区、直辖市渔业无线电管理机构审核后报省、自治区、直辖市无线电管理委员会审批，并报海区渔业无线电管理机构备案。

第十一条 海洋渔业船舶上的制式无线电台（站），必须按照下述规定到渔业无线电管理机构办理电台执照。核发电台执照的渔业无线电管理机构应将有关资料及时报国家或相应省、自治区、直辖市无线电管理委员会及上级渔业无线电管理机构备案。

（一）农业部直属单位和远洋渔业船舶上的制式无线电台（站），按有关规定到农业部或海区渔业无线电管理机构办理电台执照；

（二）省辖海洋渔业船舶上的制式无线电台（站），到省、自治区、直辖市渔业无线电管理机构办理电台执照；

（三）市渔业无线电管理机构受省渔业无线电管理机构委托办理省辖海洋渔业船舶制式电台执照。

渔业船舶非制式电台的审批和执照核发单位以及内河湖泊渔业船舶制式电台的执照核发单位，由各省、自治区、直辖市无线电管理委员会根据本省的具体情况确定。

第十二条 渔业船舶制式无线电台执照必须盖有核发执照的渔业无线电管理机构印章。

第十三条 渔业无线电台（站）呼号按国家无委有关规定由渔业无线电管理机构指配，并抄送相应无线电管理机构备案。

渔业海上移动通信业务船舶电台标识、船舶电台选择性呼叫号码，由农业部渔业无线电管理机构按国家无线电管理委员会有关规定统一指配，并报送有关部门备案。

第十四条 遇有危及渔民生命、财产安全的紧急情况，可以临时动用未经批准设置使用的无线电设备，但应当及时向当地无线电管理机构和渔业无线电管理机构报告。

第十五条 渔业无线电台（站）经批准使用后，应当按照核定的项目进行工作，不得发送和接收与工作无关的信号；确需变更项目、停用或撤销时，必须按原批准程序办理有关手续。

第十六条 使用渔业无线电台（站）的单位或个人，必须严格遵守国家有关保密规定和渔业无线电通信规则有关规定。

第四章 频率管理

第十七条 渔业无线电管理机构对国家无线电管理委员会分配给渔业系统使用的频段和频率进行规划，报国家无线电管理委员会批准实施，并由国家或省、自治区、直辖市无线电管理委员会按照电台审批权限指配频率。

第十八条 分配和使用渔业使用频率必须遵守频率划分和使

用的有关规定。

渔业使用频率使用期满时，如需继续使用，应当办理续用手续。

任何设台单位和个人未经原审批设置台（站）的渔业无线电管理机构批准，不得转让渔业使用频率。禁止出租或变相出租渔业使用频率。

业经指配的渔业使用频率，未经原指配单位批准，不得改变使用频率。对有违反上述使用规定，以及对频率长期占而不用的设台单位和个人，原指配单位有权收回其使用频率。

第十九条 对依法设置的渔业无线电台（站），各级渔业无线电管理机构有责任保护其使用的频率免受干扰。

处理渔业无线电频率相互干扰，应当遵循带外让带内、次要业务让主要业务、后用让先用、无规划让有规划的原则；遇特殊情况时，由农业部渔业无线电管理机构根据具体情况协调、处理。

第五章 渔业无线电设备的研制、生产、销售、进口

第二十条 研制渔业专用无线电发射设备所需要的工作频段和频率应符合国家有关水上无线电业务频率管理的规定，经农业部渔业无线电管理机构审核后，报国家无线电管理委员会审批。

第二十一条 生产渔业专用无线电发射设备，其工作频段、频率和有关技术指标应符合渔业无线电管理的有关规定和行业技术标准。

第二十二条 研制、生产渔业无线电发射设备时，必须采取有效措施抑制电波发射。进行实效发射试验时，须按设置渔业无

线电台的有关规定办理临时设台手续。

第二十三条 进口渔业用的无线电发射设备应遵守国家有关进口无线电发射设备的规定，其工作频段、频率和有关技术指标应符合我国渔业无线电管理的规定和国家技术标准。经农业部渔业无线电管理机构或者省、自治区、直辖市渔业无线电管理机构审核后，报国家或省、自治区、直辖市无线电管理委员会审批。

第二十四条 市场销售的渔业用无线电发射设备，必须符合国家技术标准和有关渔业行业标准。各级渔业无线电管理机构可协同有关部门依法对产品实施监督和检查。

第六章 渔业无线电监测和监督检查

第二十五条 农业部，黄渤海、东海、南海区，省、自治区、直辖市渔业无线电监测站负责对本辖区内的渔业无线电信号监测。

第二十六条 各级渔业无线电监测站的主要职责是：

（一）监测渔业无线电台（站）是否按照规定程序和核定项目工作；

（二）查找未经批准使用和扰乱渔业通信秩序的无线电台（站）；

（三）检测渔业无线电设备的主要技术指标；

（四）完成无线电管理机构交办的其他工作。

第二十七条 上级渔业无线电管理机构应对下级渔业无线电管理机构的下列情况进行监督检查：

（一）贯彻执行《条例》、本规定及其他规范性文件的情况；

（二）作出的具体行政行为是否合法、适当；

（三）行政违法行为的查处情况；

（四）其他需要监督检查的事项。

第二十八条 各级渔业无线电管理机构设立渔业无线电管理检查员。渔业无线电管理检查员有权在辖区内对本章第二十七条所列项目实施监督检查。

第二十九条 渔业无线电管理检查员的资格须经省、自治区、直辖市渔业行政主管部门的渔业无线电管理机构严格审查，统一报农业部渔业无线电管理机构批准并代核发中华人民共和国无线电管理检查员证。

第三十条 渔业无线电管理检查员应具备下列条件：

（一）在渔业行政管理机关工作两年以上，热爱渔业无线电管理事业，具有一定的渔业无线电管理业务知识和经验；

（二）具有大专以上文化水平或同等学历，经过渔业无线电管理专业培训和考核，熟悉有关法律、法规和有关规定；

（三）作风正派，坚持原则，秉公执法，廉洁奉公。

第三十一条 渔业无线电管理检查员必须在检查员证规定的检查区域内依法行使职责。检查区域分为全国，海区，省、自治区、直辖市，市，县（市）。检查员行使监督检查时应佩戴检查徽章，主动出示检查证。被检查单位和个人须积极配合。

第七章 收 费

第三十二条 根据无线电频谱资源有偿使用的原则，所有设置使用渔业无线电发射设备的单位和个人，均须按规定缴纳无线电注册登计费、频率占用费和设备检测费。

第三十三条 渔业无线电管理收费按照国家计委、财政部颁布的标准执行。

第三十四条　农业部及海区、省、自治区、直辖市渔业无线电管理机构分别代收所负责管理的渔业船舶制式无线电台的注册登记费、频率占用费和设备检测费。所收费用按规定分别上缴国家和省、自治区、直辖市无线电管理委员会。

第八章　奖励与处罚

第三十五条　对认真执行本规定，成绩突出的；能够及时举报和制止违反本规定的行为，取得良好社会和经济效益的；为渔业无线电管理作出重大贡献的单位和个人。农业部及海区渔业无线电管理机构或省、自治区、直辖市和市、县（市）渔业行政主管部门的渔业无线电管理机构应给予适当奖励。

第三十六条　对违反渔业无线电管理规定的单位和个人，由渔业无线电管理机构按照《中华人民共和国行政处罚法》和《无线电管理处罚规定》实施处罚。

第三十七条　违反本规定给国家、集体或者个人造成重大损失的，应当依法承担赔偿责任；农业部渔业无线电管理机构或省、自治区、直辖市和市、县（市）渔业行政主管部门的渔业无线电管理机构应追究或建议有关部门追究直接责任者和单位领导的行政责任。

第三十八条　当事人对渔业无线电管理机构的处罚不服的，可以自接到处罚通知之日起 15 日内，向上一级主管机关申请复议，或向人民法院起诉。逾期不起诉又不履行的，由主管机关申请人民法院强制执行。

第三十九条　渔业无线电管理人员滥用职权、玩忽职守的，应给予行政处分；构成犯罪的，依法追究刑事责任。

第九章　附　则

第四十条　本规定下列用语的含义是：

“渔业船舶”是指从事渔业生产的船舶以及属于水产系统为渔业生产服务的船舶，包括捕捞船、养殖船、水产运销船、冷藏加工船、油船、供应船、渔业指导船、科研调查船、教学实习船、渔港工程船、拖轮、交通船、驳船、渔政船和渔监船。

“渔业无线电台（站）”是指渔业船舶制式电台、渔业船舶非制式电台和渔业海岸电台。

“渔业船舶制式电台”是指按照国家渔业船舶建造规范配备的渔业船舶专用电台。

第四十一条　本规定由国家无线电管理委员会办公室和农业部渔业无线电管理机构负责解释。

第四十二条　本规定自发布之日起施行。

长江渔业资源管理规定

（一九九五年九月二十八日农业部发布）

第一章　总　则

第一条　为加强长江渔业资源的保护、增殖和合理利用，保障渔业生产者的合法权益，促进长江渔业生产的发展，根据《中华人民共和国渔业法》、《中华人民共和国野生动物保护法》和有关法规，特制定本规定。

第二条　凡在长江干流及通江水域从事渔业生产或与其相关活动的单位和个人，均必须遵守本规定。

第三条　长江渔业资源管理委员会负责长江渔业资源的管理和协调工作。长江渔业资源管理委员会办公室（设在农业部东海区渔政渔港监督管理局）负责日常工作。

第二章　渔业资源的管理和保护

第四条　长江渔业资源保护对象：

（一）国家一、二级保护水生野生动物：白暨豚、中华鲟、达氏鲟、白鲟、胭脂鱼、松江鲈鱼、江豚、大鲵、鳗鱼、细痣疣螈、川陕哲罗鲑等。

（二）鱼类：鲥鱼、鳗鱼、鲤鱼、青鱼、草鱼、鳙鱼、鲫鱼、团头鲂、三角鲂、鳊鱼、鲔鱼、鲻鱼、梭鱼、凤鲚、刀鲚、河鲀、黄颡鱼、黄鳝、银鱼、铜鱼、鳡鱼、鳍鱼、鲮鱼、中华倒刺鲃、裂腹鱼、白甲鱼、鳜鱼、岩原鲤、南方大口鲶、长薄鳅、白鱼等。

（三）虾蟹类：中华绒螯蟹、秀丽白虾（白虾）、日本沼虾（青虾）。

（四）贝类：三角帆蚌、褶文冠蚌、丽蚌。

（五）其他：乌龟、鳖

第五条 第四条（一）项的长江中的国家一、二级保护水生野生动物，各级渔业行政主管部门须按照《中华人民共和国野生动物保护法》、《中华人民共和国水生野生动物保护实施条例》及其他有关法规进行保护。

第四条 第（二）、（三）、（四）、（五）项的保护对象的最低可捕标准由各省、直辖市渔业行政主管部门制定。

第六条 禁止炸鱼、毒鱼和使用电力、鱼鹰、水獭捕鱼，禁止使用拦河缯（网）、密眼网（布网、网络子、地笼网）、滚钩、迷魂阵、底拖网等有害渔具进行捕捞。

沿江闸口禁止套网捕捞生产。

第七条 严禁捕捞入江上溯的鲥鱼亲体和降河入海的鲥鱼幼体。

每年5月15日至8月31日从长江口至九江江段，禁止使用双层三层刺网作业。

每年6月1日至7月31日从赣江新干到吉安江段的鲥鱼主要产卵场实行禁捕。

江西省鄱阳湖口幼鱼出湖入江高峰期内，实行禁捕；禁捕时间不得少于十天；具体禁捕时间由长江渔业资源管理委员会商江西省渔政局、长江渔业资源监测站确定，由江西省渔政局实施。

因科研需要捕捞鲥鱼的，由长江渔业资源管理委员会办公室核发专项（特许）捕捞许可证，实行限额捕捞。

第八条 禁捕长江口中华绒螯蟹产卵场的抱卵春蟹，限制捕捞长江干流江段的中华绒螯蟹亲蟹、幼蟹及蟹苗。因人工育苗、养殖和增殖放流等原因确需捕捞亲蟹、幼蟹、蟹苗的单位和个人，须向省、直辖市渔业行政主管部门提出申请。经审核，报长江渔业资源管理委员会办公室核发专项（特许）捕捞许可证，限定捕捞网具、捕捞时间及捕捞江段。

长江幼蟹和蟹苗的收购、运输由省、直辖市渔政渔港监督管理机构核发准购证和准运证。

第九条 禁止捕捞进入江、河水域的鳗苗。

鳗苗汛期，沿江省、直辖市各级渔业行政主管部门及其所属的渔政渔港监督管理机构应严格控制捕捞许可证的发放，并在省、直辖市人民政府统一领导下，与水利、航政、公安、工商、外贸等有关部门密切配合，组织检查，加强管理。

鳗苗的跨省运输必须持有供苗省、直辖市渔政渔港监督管理机构核发的准运证。但鳗苗运输途经的省、直辖市渔政渔港监督管理机构要严格查验准运证。

第十条 每年家鱼苗繁殖季节，对青、草、鲢、鳙四大家鱼产卵场实行禁捕，具体禁渔期、禁渔区由长江渔业资源管理委员会商有关省、直辖市渔政渔港监督管理机构监督管理。

禁止捕捞经济鱼类天然鱼苗。

因养殖和科研需要采捕四大家鱼苗的单位和个人须向省、直辖市渔业行政主管部门提出申请。经有关渔业行政主管部门审核并报长江渔业资源管理委员会办公室批准，由省、直辖市渔政渔港监督管理机构核发四大家鱼苗专项捕捞许可证。作业单位和个人应在指定的时间和区域内限额捕捞。需要采捕其他经济鱼类的鱼苗培育原种进行人工繁殖的单位和个人，须向当地县级渔业行政主管部门申请，经所在省、直辖市渔政渔港监督机构批准，领取专项（特许）捕捞许可证，在指定的捕捞区域和时间内，限额捕捞。

禁止捕捞幼鱼及苗种作为饵料。

第十一条 长江渔业资源监测站负责对长江主要渔业资源及珍稀水生野生动物的监测工作，并定期向沿江各级渔政渔港监督管理机构报告监测情况，为管理提供科学依据。

第十二条 凡在长江干流及其通江水域从事捕捞生产的单位和个人，必须按规定向县级以上渔业行政主管部门所属渔政渔港监督机构提出申请，取得捕捞许可证并缴纳渔业资源增殖保护费后，方准进行作业。长江渔业资源增殖保护费的征收标准根据沿江各省、直辖市渔业资源增殖保护费征收使用办法执行。

第十三条 捕捞生产原则上不得跨省、直辖市作业，确需跨省、直辖市作业的，须向作业所在地省、直辖市渔业行政主管部门提出申请并取得临时捕捞许可证，缴纳渔业资源增殖保护费，方可作业。

第十四条 渔业船舶，由省、直辖市渔政渔港监督管理机构统一管理。

凡建造或改造渔业船舶须按审批权限经所在省、直辖市渔业行政主管部门所属的渔政渔港监督管理机构批准，各省、直辖市应控制捕捞渔船的盲目增长。

第三章　水域的环境保护

第十五条 加强渔业水域环境保护，严格执行《中华人民共和国渔业水域水质标准》及有关渔业水质的规定。

第十六条 沿江各级渔业环境监测站负责对长江干流及其通江渔业水域污染情况和因污染危害渔业资源事故进行监测。

因污染造成渔业资源损失的，由渔政渔港监督管理机构按照有关法规调查处理。

第十七条 在渔业水域修建水利工程、疏浚航道、兴建港口锚地、架设桥梁、采集沙石、进行水下爆破等，建设单位应预先征求渔业行政主管部门的意见，因施工影响渔民生产造成渔业资源损失的，建设单位应负责赔偿，并应采取补救措施。

凡在渔虾蟹洄游通道上建闸的，要适时开闸纳苗。

禁止围湖造田。其他重要苗种基地、索饵场、产卵场、越冬场及鱼虾蟹洄游通道，不得围垦。

第四章 奖励和惩罚

第十八条 对贯彻执行本规定，保护长江渔业资源作出显著成绩的单位和个人，省、直辖市渔业行政主管部门应予以表彰和奖励。

第十九条 对违反本规定的，由渔政渔港监督管理机构按照有关法律、法规予以处罚。

第五章 附 则

第二十条 本规定由农业部负责解释。

第二十一条 本规定自颁布之日起施行。原《长江中下游渔业资源管理暂行规定》同时废止。

黄渤海、东海、南海区渔业资源增殖保护费征收使用暂行办法

中华人民共和国农业部令

第5号

《关于修改〈黄渤海、东海、南海区渔业资源增殖保护费征收使用暂行办法〉的决定》已于2001年12月8日经农业部常务会议审议通过，现予发布，自发布之日起施行。

农业部部长

二〇〇一年十二月十日

第一条 根据《中华人民共和国渔业法》及《实施细则》和《渔业资源增殖保护费征收使用办法》，以及《渔业捕捞许可证管理办法》等有关规定，结合各海区实际情况制订本办法。

第二条 凡国家授权由海区渔政监督管理机构（以下简称海区渔政分局）发捕捞许可证的下列渔船，均由海区渔政分局在发放或年审捕捞许可证的同时，征收渔业资源增殖保护费（以下简称“渔业资源费”）：

（一）本办法第七条第一款规定的主要国营捕捞企业的渔船。

（二）其他捕捞企业和群众捕捞单位600马力以上的渔舱。

（三）外海作业渔船。

（四）中外合资、中外合作捕捞生产的渔船。

（五）因特殊需要，经国家渔业行政主管部门（以下简称“国家主管部门”）批准（含专项特许）的渔船。

第三条 渔业资源费，按不同作业类型渔船前 3 年平均年总产值的下列比例征收：

（一）近海拖网作业的渔船，黄渤海区、东海区、南海区均按1—1.5%征收。

（二）围、流、钓作业的渔船，按0.8%征收。

（三）采捕经济价值较高的渔业资源品种的渔船，按5%征收。

（四）外海作业的渔船，按0.8%征收。

（五）采（潜）捕作业的，按3%征收。

第四条 渔业资源费以渔船主机额定总功率（马力）为计征单位，拖网渔船以马力、产值确定基数、划分档次，按每艘主机马力计征，流网渔船按作业单主机马力计征，钓钩、围网渔船按母船主机马力计征，每马力征收金额为：

（一）黄渤海区

1. 拖网渔船：

近海，双拖作业的渔船，每艘以200马力为基数，200马力以内，每马力按24元计征；超出基数的，每马力按4元计征。

外海，双拖作业的渔船，每艘以600马力为基数，600马力以内，每马力按6元计征超出基数的，每马力按2.3元计征。

近海、外海单拖作业的渔船，按双拖作业征收标准加30%计征。

2. 围、流、钓作业的渔船，每马力按8元计征。

（二）东海区

1. 拖网渔船：

近海，双拖作业的渔船，每艘以 250 马力为基数，250 马力以内，每马力按 20 元计征；超出基数的，每马力按 4 元计征。

外海，双拖作业的渔船，每艘以 600 马力为基数，600 马力以内，每马力按 6 元计征；超出基数的，每马力按 2.3 元计征。

近海、外海单拖作业的渔船，按双拖作业征收标准加 30% 计征。

2. 围、流、钓作业的渔船，每马力按 8 元计征。

（三）南海区

1. 拖网渔船：

近海、每艘以 600 马力为基数，600 马力以内的双拖，每马力按 5.9 元，单拖每马力按 7.9 元计征。

外海，每艘以 600 马力为基数，600 马力以内的双拖，每马力按 4 元，单拖每马力按 6 元计征。

近海、外海渔船超出基数的，双拖每马力按 1 元，单拖每马力按 2 元计征。

2. 围、流、钓作业的渔船，每马力按 6 元计征。

3. 采（潜）捕作业，每马力按 100 元计征。

第五条　下列渔船和作业可增加或减免渔业资源费：

（一）从事两种以上作业方式生产的渔船，按其作业类型的最高标准征收。

（二）持临时捕捞许可证的渔船，以同类作业渔船征收标准逐年加征渔业资源费。

1989 年加征 50%，1990 年加征 100%，1991 年及其以后加

征 150%。

（三）经国家主管部门批准跨海区生产的渔船，按作业时间、渔获产值，比照所到海区同类作业征收标准按作业时间征收；经海区双方协商同意跨海区生产的渔船，按所到海区同类作业征收标准加征 50%。

（四）渔业科研调查船、教学船，在执行调查任务期间免征渔业资源费；在教学实习期间进行捕捞作业的减半征收。

（五）经批准取得伏季作业专项（特许）捕捞许可证的渔船，每马力加征 1.5 元；经批推进入中日渔业协定第五、第六保护区作业的渔船，每马力加征 0.5 元。

（六）经国家渔业主管部门或其授权部门批准，从事国家鼓励开发利用的品种资源的拖船减半征收。

第六条 渔业资源费按年度或汛期在发放或年审渔业捕捞许可证时一次征收完毕，并在许可证上注明缴纳的金额，加盖印章，出具财政部门指定使用的收费收据。

第七条 由海区渔政分局直接征收渔业资源费的主要国营捕捞企业，暂定为：

黄渤海区：青岛、烟台、天津、秦皇岛、大连海洋渔业公司、营口水产公司。

东海区：连云港、江苏省、上海市、舟山、宁波、温州、福建省海洋渔业公司。

南海区：广州市、海南省、湛江、北海海洋渔业公司。

其他捕捞企业、群众捕捞单位 600 马力以上的渔船，由海区渔政分局直接征收，也可以委托渔船所有地的渔政管理部门代收。代收部门须按照本规定的征收标准，使用规定的收费收据和专用印章。所收的渔业资源费可留 10%，作为代办部门渔业资源费收入，其余上缴海区渔政分局。

第八条 按国家规定，省、自治区、直辖市渔业行政主管部门征收的海洋渔业资源费（含市、县上缴部分）上缴海区渔政分局 10%的部分，应在征收结束后 2 个月内缴纳，并附送有关征收报表及说明。

第九条 渔船缴纳年度渔业资源费后，因意外事故、淘汰、变更他用而停止捕捞作业的，经申报海区渔政分局核实后，可以退款或在下年度应缴的渔业资源费中扣除。停止捕捞作业 3 个月以上不足 6 个月的，按年度渔业资源费的 1/4 退款，6 个月以上的按年度渔业资源费 1/2 退款。

第十条 凡不按期缴纳渔业资源费者，自超期之日起，每天加征滞纳金 5‰；可处以 1000 元以下罚款。

第十一条 渔业资源费用于渔业资源的增殖、保护。海区渔政分局应严格按照《渔业资源增殖保护费征收使用办法》规定的使用范围，根据本海区的实际情况确定增殖与保护之间的使用比例，于年底编制下年度的渔业资源费收支计划和本年度的决算，上报审批后实施。

年度收支计划和年终决算报表格式，由国家主管部门统一制定。

第十二条 渔业资源费的征收使用情况，接受财政、物价、审计、监察等部门的监督检查。

第十三条 本规定由农业部、国家物价局共同解释。

第十四条 本规定自发布之日起执行。

渔业成品油价格补助专项资金管理暂行办法

财建〔2009〕1006号

第一条 为加强渔业成品油价格补助专项资金管理，保障渔业生产者合法权益，确保国家成品油价格和税费改革顺利实施，根据财政部等七部门《关于成品油价格和税费改革后进一步完善种粮农民 部分困难群体和公益性行业补贴机制的通知》（财建〔2009〕1号）规定，制定本办法。

第二条 本办法适用于渔业成品油价格补助专项资金（以下简称补助资金）的管理。

第三条 本办法所称的补助资金，是指中央财政预算安排的，用于补助渔业生产者因成品油价格调整而增加的成品油消耗成本而设立的专项资金。

第四条 本办法所称的补助对象，即渔业生产者，包括依法从事国内海洋捕捞、远洋渔业、内陆捕捞及水产养殖并使用机动渔船的渔民和渔业企业。

辅助渔船不得作为补助对象。

第五条 补助对象应当符合以下条件：

（一）所从事的渔业生产符合《渔业法》等法律法规规定。

（二）国内海洋捕捞机动渔船持有合法有效的渔业船舶证书（证件），并在一个补助年度内从事正常捕捞生产活动时间累计不低于三个月。大中型渔船应当填写捕捞日志。国内海洋捕捞渔船纳入全国海洋捕捞渔船船数和功率总量控制范围，并纳入全国数据库管理。

（三）内陆捕捞机动渔船持有合法有效的渔业船舶证书（证件），并在一个补助年度内从事正常捕捞生产活动时间累计不低于三个月。内陆捕捞渔船船数和功率数控制在农业部 2008 年核定数据范围内，并纳入省级数据库管理。

（四）养殖渔民（渔业企业）持有合法有效的水域滩涂养殖使用证（以下简称养殖证）和渔业船舶证书（证件），使用养殖机动渔船从事正常养殖生产活动。

（五）远洋捕捞渔船经农业部批准、持有合法有效证件、从事正常远洋渔业生产。

（六）除农业部规定的特殊情况外，从事远洋渔业生产的渔船一律领取远洋渔业补助资金，不得重复领取国内渔业补助资金。

第六条 当国家确定的成品油出厂价，高于 2006 年成品油价格改革时的分品种成品油出厂价（汽油 4400 元/吨、柴油 3870 元/吨）时，启动补贴机制；低于上述价格时，停止补贴。

第七条 补助资金补助标准的确定和中央财政负担的补助比例按财政部等七部门《关于成品油价格和税费改革后进一步完善种粮农民部分困难群体和公益性行业补贴机制的通知》（财建〔2009〕1 号）的规定执行。

第八条 补助用油量核算原则：

（一）补助用油量的核算原则上以 2008 年为上限。农业部根据省级渔业主管部门上报的渔船和养殖证等情况，考虑增、减变化因素，商财政部核算确定补贴用油量。

（二）国内海洋捕捞、远洋渔业和内陆捕捞机动渔船补助用油量按照捕捞作业类型和渔船主机总功率进行核算确定。养殖机动渔船补助用油量按照养殖证确认面积和实际使用的养殖机动渔船功率情况进行核算确定，单位养殖水面标准可补助养殖机动渔船主机功率不得超过 1.4 千瓦/公顷，小于 1.4 千瓦/公顷的，按实际功率数核准。

农业部根据渔船种类、作业类型、平均作业时间提出机动渔船用油量测算参考标准。

（三）跨省购置国内海洋捕捞机动渔船补助用油量的核算截至补助年度的 12 月 31 日，补助用油量由农业部计入渔船买入省（区、市），补助资金由该省（区、市）负责发放。省内购置渔船照此执行。

跨省买卖渔船手续办结时间以农业部批准的《渔业船网工具指标批准书》时间为准。

第九条 县级以上渔业主管部门应建立健全国内捕捞机动渔船、养殖机动渔船管理和养殖证发放数据库，完整准确地记录本辖区渔船和养殖证情况。

第十条 年度终了后，县级渔业主管部门应组织符合申请条件的渔业生产者填报补助申请表，内容包括国内捕捞机动渔船和养殖机动渔船、船主和养殖证基础信息、补助年度内是否正常生产作业、有无违反《渔业法》等法律法规情况等。

第十一条 县级渔业主管部门对补助申请表进行初核、汇总，并对渔业生产者的补助申请资格进行公示（不少于 5 个工作日），重点公示渔船在补助年度内是否正常生产作业。公示结束后，县级渔业主管部门应根据第八条进行补助用油量测算，并于 2 月底前将补助年度内国内捕捞机动渔船、养殖机动渔船统计和补助用油量测算情况逐级报送省级渔业主管部门，抄报同级财政、审计部门。

第十二条 省级渔业主管部门根据第八条对县级渔业主管部门报送的材料进行核查、测算，并于3月20日前，以书面文件将本省（区、市）上年度《中央财政国内机动渔船油价补助审核汇总表》和《中央财政国内捕捞机动渔船油价补助审核船名册》、《中央财政养殖机动渔船油价补助审核船名册》以及《中央财政远洋渔业油价补助审核汇总表》上报农业部，抄送同级财政、审计部门，并使用不可擦写的光盘介质报送电子表格。

第十三条 农业部收到各省（区、市）渔业主管部门报送的材料后，根据第八条审核和测算国内渔业补助用油总量和分省（区、市）补助用油量、远洋渔业补助用油总量和分企业补助用油量，附带全部渔船船名册，于4月10日前函报财政部，同时抄送审计署。

第十四条 财政部根据农业部报送的上年度渔业补助用油量，按照补助标准，测算确定各省（区、市）上年度国内渔业和远洋渔业补助资金、中央企业远洋渔业补助资金，于4月30日前，下达相关省（区、市）财政部门和中央企业。资金下达文件同时抄送农业部、审计署、财政部驻各省（区、市）财政监察专员办事处。

第十五条 远洋渔业分企业及代理渔船补助用油量及资金规模由农业部于5月15日前书面通知各省（区、市）渔业主管部门，抄送财政部和各省（区、市）财政部门。各省（区、市）财政部门据此进行发放，于6月30日前将资金发放到位。

第十六条 国内渔业补助资金由省级财政部门会同同级渔业主管部门根据财政部资金下达文件制定具体发放方案，及时下拨资金。县级财政部门会同同级渔业主管部门按程序对补助资金发放对象相关信息公示后，于6月30日前将资金发放到位。

第十七条 中央财政（远洋渔业）补助资金下达后，为保证补助资金落实到柴油成本支付方，各省（区、市）财政部门应会同同级渔业主管部门，根据农业部核定的各远洋渔业企业自有渔船和代理渔船的补助金额，对企业自有渔船，将补助资金直接拨付给企业；对企业代理或租赁渔船，根据各省（区、市）渔业行政主管部门审核认定的代理企业与被代理或租赁渔船的船东签订的享受补助协议，将补助资金拨付给柴油成本直接负担者。

第十八条 省级财政部门应会同同级渔业主管部门于9月15日前将上年渔业补助资金发放情况，包括文字总结、使用不可擦写的光盘介质报送的《国内捕捞机动渔船油价补助发放情况统计表》、《养殖机动渔船油价补助发放情况统计表》、《远洋渔业油价补助发放情况统计表》，以正式文件报送财政部和农业部，抄送审计署。

第十九条 中央财政将会同农业、审计部门，对地方各级渔业部门和补助资金受益对象申报的渔船、养殖证、生产作业等情况的真实性、可靠性、完整性以及各级财政部门资金拨付进度、工作经费安排等情况，进行定期和不定期的监督检查，或组织财政部驻各省（区、市）财政监察专员办事处联合有关部门进行抽查或全面检查。省级财政、渔业、监察、审计等部门，也要加强本省（区、市）补助资金申报、拨付、工作经费安排等情况的监督检查。如发现违纪违法行为，及时移送监察机关处理。

第二十条 补助资金实行专账管理，专款专用，任何单位和个人不得以有证无船、一船多证、非法船舶、伪造证件等形式套取补助资金，扩大补助范围发放补助资金，挤占、截留、挪用补助资金和工作经费。有上述行为之一的，将由财政部门依法追缴被侵占的补助资金；对负有直接责任的主管人员和其他直接责任人员依法追究法律责任。对提供虚假材料申请补助资金的，一经查实，将被永久取消渔业补助资金领取资格，并在全国范围内予以通报。

第二十一条 违反《渔业法》等法律法规规定从事渔业生产的，视情节不得补助或扣减补助。

第二十二条 补助资金工作经费由省级财政按照财政管理规定，商渔业主管部门重点用于基层管理部门用油量统计和补助资金发放等管理工作。

第二十三条 省级财政部门会同同级渔业主管部门根据本办法制定具体实施细则。

第二十四条 本办法由财政部、农业部负责解释。

第二十五条 本办法自 2010 年 1 月 1 日起实施。

中华人民共和国管辖海域外国人、外国船舶渔业活动管理暂行规定

（1999年6月21日经农业部常务会议审议通过）

第一条 为加强中华人民共和国管辖海域内渔业活动的管理，维护国家海洋权益，根据《中华人民共和国渔业法》、《中华人民共和国专属经济区和大陆架法》、《中华人民共和国领海及毗连区法》等法律、法规，制定本规定。

第二条 本规定适用于外国人、外国船舶在中华人民共和国管辖海域内从事渔业生产、生物资源调查等涉及渔业的有关活动。

第三条 任何外国人、外国船舶在中华人民共和国管辖海域内从事渔业生产、生物资源调查等活动的，必须经中华人民共和国渔政渔港监督管理局批准，并遵守中华人民共和国的法律、法规以及中华人民共和国缔结或参加的国际条约与协定。

第四条 中华人民共和国内水、领海内禁止外国人、外国船舶从事渔业生产活动；经批准从事生物资源调查活动必须采用与中方合作的方式进行。

第五条 中华人民共和国渔政渔港监督管理局根据以下条件对外国人的入渔申请进行审批：

1. 申请的活动，不危害中华人民共和国国家安全，不妨碍中华人民共和国缔结或参加的国际条约与协定的执行；

2. 申请的活动，不对中华人民共和国实施的海洋生物资源养护措施和海洋环境造成不利影响；

3. 申请的船舶数量、作业类型和渔获量等符合中华人民共和国管辖海域内的资源状况。

第六条 外国人、外国船舶入渔申请获得批准后，应当向中华人民共和国渔政渔港监督管理局缴纳入渔费并领取许可证。如有特殊情况，经批准机关同意，入渔费可予以减免。

经批准进入中华人民共和国渔港的，应按规定缴纳港口费用。

第七条 经批准作业的外国人、外国船舶领取许可证后，按许可证确定的作业船舶、作业区域、作业时间、作业类型、渔获数量等有关事项作业，并按照中华人民共和国渔政渔港监督管理局的有关规定填写捕捞日志、悬挂标志和执行报告制度。

第八条 在中华人民共和国管辖海域内的外国人、外国船舶，未经中华人民共和国渔政渔港监督管理局批准，不得在船舶间转载渔获物及其制品或补给物品。

第九条 经批准转载的外国鱼货运输船、补给船，必须按规定向中华人民共和国有关海区渔政渔港监督管理机构申报进入中华人民共和国管辖海域过驳鱼货或补给的时间、地点，被驳鱼货或补给的船舶船名、鱼种、驳运量，或主要补给物品和数量。过驳或补给结束，应申报确切过驳数量。

第十条 外国人、外国船舶在中华人民共和国管辖海域内从事渔业生产、生物资源调查等活动以及进入中华人民共和国渔港的，应当接受中华人民共和国渔政渔港监督管理机构的监督检查和管理。

中华人民共和国渔政渔港监督管理机构及其检查人员在必要时，可以对外国船舶采取登临、检查、驱逐、扣留等必要措施，并可行使紧追权。

第十一条 外国人、外国船舶在中华人民共和国内水、领海内有下列行为之一的，可处以没收渔获物、没收渔具、没收调查资料，并按下列数额罚款：

1. 从事渔业生产活动的，可处50万元以下罚款；

2. 未经批准从事生物资源调查活动的，可处40万元以下罚款；

3. 未经批准从事补给或转载鱼货的，可处30万元以下罚款。

第十二条 外国人、外国船舶在中华人民共和国专属经济区和大陆架有下列行为之一的，可处以没收渔获物、没收渔具，并按下列数额罚款：

1. 未经批准从事渔业生产活动的，可处40万元以下罚款；

2. 未经批准从事生物资源调查活动的，可处30万元以下罚款；

3. 未经批准从事补给或转载鱼货的，可处20万元以下罚款。

第十三条 外国人、外国船舶经批准在中华人民共和国专属经济区和大陆架从事渔业生产、生物资源调查活动，有下列行为之一的，可处以没收渔获物、没收渔具和30万元以下罚款的处罚：

1. 未按许可的作业区域、时间、类型、船舶功率或吨位作业的；

2. 超过核定捕捞配额的。

第十四条 外国人、外国船舶经批准在中华人民共和国专属经济区和大陆架从事渔业生产、生物资源调查活动，有下列行为之一的，可处以没收渔获物、没收渔具和5万元以下罚款的处罚：

1. 未按规定填写渔捞日志的；

2. 未按规定向指定的监督机构报告船位、渔捞情况等信息的；

3. 未按规定标识作业船舶的；

4. 未按规定的网具规格和网目尺寸作业的。

第十五条 未取得入渔许可进入中华人民共和国管辖水域，或取得入渔许可但航行于许可作业区域以外的外国船舶，未将渔具收入舱内或未按规定捆扎、覆盖的，中华人民共和国渔政渔港监督管理机构可处以没收渔具和 3 万元以下罚款的处罚。

第十六条 外国船舶进出中华人民共和国渔港，有下列行为之一的，中华人民共和国渔政渔港监督管理机构有权禁止其进、离港口，或者令其停航、改航、停止作业，并可处以 3 万元以下罚款的处罚：

1. 未经批准进出中华人民共和国渔港的；

2. 违反船舶装运、装卸危险品规定的；

3. 拒不服从渔政渔港监督管理机构指挥调度的；

4. 拒不执行渔政渔港监督管理机构作出的离港、停航、改航、停止作业和禁止进、离港等决定的。

第十七条 外国人、外国船舶对中华人民共和国渔港及渔港水域造成污染的，中华人民共和国渔政渔港监督管理机构可视情节及危害程度，处以警告或 10 万元以下的罚款。对造成渔港水域环境污染损害的，可责令其支付消除污染费用，赔偿损失。

第十八条 中华人民共和国渔政渔港监督管理局和各海区渔政渔港监督管理局可决定 50 万元以下罚款的处罚。

省（自治区、直辖市）渔政渔港监督管理机构可决定 20 万元以下罚款的处罚。

市、县渔政渔港监督管理机构可决定 5 万元以下罚款的处罚。

作出超过本级机构权限的行政处罚决定的，必须事先报经具有相应处罚权的上级渔政渔港监督管理机构批准。

第十九条 受到罚款处罚的外国船舶及其人员，必须在离港或开航前缴清罚款。不能在离港或开航前缴清罚款的，应当提交相当于罚款额的保证金或处罚决定机关认可的其他担保，否则不得离港。

第二十条 外国人、外国船舶违反本规定和中华人民共和国有关法律、法规，情节严重的，除依法给予行政处罚或移送有关部门追究法律责任外，中华人民共和国渔政渔港监督管理局并可取消其入渔资格。

第二十一条 外国人、外国船舶对渔业行政处罚不服的，可依据中华人民共和国法律、法规的有关规定申请复议或提起诉讼。

第二十二条 本规定与我国缔结或参加的有关国际渔业条约有不同规定的，适用国际条约的规定，但我国声明保留的除外。

第二十三条 本规定未尽事项，按照中华人民共和国有关法律、法规的规定办理。

第二十四条 本规定由农业部负责解释。

第二十五条 本规定自发布之日起施行。

三亚市外海捕捞项目钢质渔船租赁管理办法

三府〔2005〕148号

第一条 为正确贯彻落实三亚市委市政府关于加快海洋产业发展的决定精神，促进我市海洋捕捞业的发展，加强渔船项目的租赁管理工作，保证国有资产的安全，顺利收回租金偿还开发银行贷款金，特制定本办法。

第二条 钢质渔船船舶出租方是三亚市国有资产管理公司。该公司受市政府指定向国家开发银行借款统一建造的百艘百吨钢质渔船，用于扶持本地区渔民开展外海捕捞作业，并将钢质渔船船舶出租给符合条件的本地渔民，是钢质渔船船舶的所有权人。

钢质渔船船舶承租方是符合租赁条件的三亚市本地区渔民，享有钢质渔船船舶使用权。

第三条 租船渔民须符合以下条件：

（一）本市渔民，具有本市户口；

（二）在本市区内有固定住房，具有合法产权且属本人所有；

（三）从事海洋捕捞生产五年以上，同时或取得渔船驾驶执照；

（四）具备一次性交纳总造价的30%的租赁保证金的能力；

（五）口碑及信誉良好，无不良习惯。

第四条 各区镇及有关部门应按如下流程推荐承租渔民：

（一）居委会（村委会）审查资格：居委会（村委会）将本辖区有租船意愿，且符合上述条件的渔民名单在本社区张榜公布，接受群众监督，并加盖公章送区镇政府。

（二）区镇政府主持竞标：各区镇对居委会推荐名单进行审查，并通过竞标程序选出本区镇承租渔民，其名单由区镇负责人签署后报送市海洋与渔业局。

（三）市海洋与渔业局确认：海洋与渔业局根据上报名单进行实地核实确认，并将结果签名盖公章后送市国有资产管理公司。

（四）报纸公告：市海洋与渔业局应会同市国有资产管理公司将经核实后的名单及本承租条件在《三亚晨报》及图文电视上公布，设监督电话，接受全社会监督。

对推荐渔民有异议情况的，应提交造船领导小组审议确定。

第五条 承租人应向出租人一次性交纳渔船总造价30%的租赁金。不交足租赁保证金的，取消租赁资格。租赁保证金不计利息，在租赁期的最后期限用作抵偿租金。

第六条 承租人交纳租赁保证金后，出租人应按与偿还银行贷款同步，同时鼓励提前还款的原则与承租人签定租赁合同，明确双方的权利义务关系。

第七条 承租人交纳保证金并签定租赁合同后，应按出租人的要求自费到渔船制造厂接受技术培训并驾驶渔船返回三亚。不愿意亲自赴厂接受培训的，取消承租资格。

第八条 出租渔船应在渔业行政主管部门和监督管理部门批准的中国海域内从事海洋捕捞生产作业。

承租人不得到与中国有领土争议的海域从事海洋捕捞作业，否则，造成的所有损失和责任均由承租人承担。

第九条 承租人在租赁船舶期间内不得将船舶进行出售、转让、转租、转借、转包、抵押及采取其他任何有侵害出租船舶财产安全的行为。如出现上述行为，出租人有权强制收回渔船，并要求承租人赔偿所有的损失。

第十条 在租赁期内，承租人如出现吸毒、服刑、被劳动教养等情况时，出租人有权收回渔船；承租人丧失作业能力时，经出租人同意，由承租人的指定人继续租赁渔船；承租人死亡时，可由承租人的法定继承人继续租赁渔船。

第十一条 承租人延迟支付租金在两个月（每月以 30 日计算）内，出租人将按照延付时间天数计收滞纳金，以每日加收延付金额的千分之三计算。

第十二条 承租人延付租金超过两个月，视为根本违约，出租人有权终止租赁合同并收回出租船舶。承租人应在接到出租人发出收回出租船舶书面通知后，在 10 个工作日内，将所租赁船舶及所有证书、资料完整地交归出租人，同时承租人并应赔偿出租人的所有实际损失。

第十三条 拖欠租金渔民不肯自愿交回所租渔船的，由出租人实行强制收船，收船的原则是：依用船时间的长短和交纳租金的多少来确定收船的顺序，即截至 2005 年 9 月 30 日，用船时间最长，交纳租金最少的渔船在最先收回之列；如用船时间相同，交纳租金数额相同，则从他们中交纳最后一笔租金时间最迟的渔船入手收船。出租人可视情况请求海警部门给予协助。

第十四条 在承租方违反租赁合同约定未定额按时履行支付租金义务造成出租方拖欠银行贷款，市海洋与渔业部门及承租方渔民所在区镇政府、居委会（村委会）有义务协助出租方收缴租金。

第十五条 承租方所在区镇政府、居委会（村委会）协助出租方追缴租金，对不按时缴纳租金的承租方将在三亚市电视台、三亚晨报给予公布接受社会的监督，年终收缴租金指标列入区、镇年度考核内容。如本区镇承租渔民本年度交纳租金不足90%，则该区镇分管渔业生产的政府副职年度考核为不合格。

第十六条 承租方按租赁合同的约定偿还出租方渔船建造成本和利息，租赁期管理费及各种行业规费、税金等，出租方将按三府〔2003〕177号文有关规定办理渔船产权划转手续。划转日之前，产权归出租人所有；自划转之日起，产权归承租人所有。

第十七条 本办法由三亚市人民政府责成市造船领导小组负责解释。

第十八条 本办法自发布之日起实施。

渔业安全方面有关规定

渔船作业避让规定

中华人民共和国农业部令

第6号

为全面推进农业依法行政，维护农业法制统一，根据《国务院办公厅关于开展行政法规规章清理工作的通知》（国办发〔2007〕12号）要求，我部对建国以来发布的规章进行了全面清理。清理结果已经2007年10月30日农业部第13次常务会议审议通过，现予发布，自发布之日起施行。

农业部部长

2007年11月8日

（1983 年 9 月 20 日农牧渔业部发布；2007 年 11 月 8 日中华人民共和国农业部令第 6 号修改）

第一章　总　则

第一条　本规定适用于我国正在从事海上捕捞的船舶。

第二条　本规定以不违背《1972 年国际海上避碰规则》（以下简称《72 规则》）为原则，从事各种捕捞作业的船舶除严格遵行《72 规则》外，还必须遵守本规定。

第三条　本规定各条不妨碍有关主管机关制定的渔业法规的实行。

第四条　在解释和遵行本规定各条规定时，应适当考虑到当时渔场的特殊情况或其他原因，为避免发生网具纠缠、拖损或船舶发生碰撞的危险，而采取与本规定各条规定相背离的措施。

第五条　本规定各条不免除任何从事捕捞作业中的船舶或当事船长、船员、船舶所属单位对执行本规定各条的任何疏忽而产生的各种后果应负担的责任。

第六条　本规定除第六章能见度不良时的行动规则外，其他各章都为互见中的行动规则。

第七条　本规定所指的避让行动，包括避让船舶及其渔具。

第八条　本规定的解释权属于中华人民共和国农牧渔业部。

第二章　通　则

第九条　拖网渔船应给下列渔船让路：

1. 从事定置渔具捕捞的渔船；

2. 漂流渔船；

3. 围网渔船。

第十条 围网渔船和漂流渔船应避让从事定置渔具捕捞的渔船。

第十一条 各类渔船在放网过程中，后放网的船应避让先放网的船，并不得妨碍其正常作业。

第十二条 正常作业的渔船，应避让作业中发生故障的渔船。

第十三条 各类渔船在起、放渔具过程中，应保持一定的安全距离。

第十四条 在按本规定采取避让措施时，应与被让路渔船及其渔具保持一定的安全距离。

第十五条 在决定安全距离时，应充分考虑到下列因素：

1. 船舶的操纵性能；

2. 渔具尺度及其作业状况；

3. 渔场的风、流、水深、障碍物及能见度等情况；

4. 周围船舶的动态及其密集程度。

第十六条 任何船舶在经过起网中的围网渔船附近时，严禁触及网具或从起网船与带围船之间通过。

第十七条 让路船舶应距光诱渔船 500 米以外通过，并不得在该距离之内锚泊或其他有碍于该船光诱效果的行动。

第十八条 围网渔船在放网时，应不妨碍漂流渔船或拖网渔船的正常作业。

第十九条 漂流渔船在放出渔具时，应尽可能离开当时拖网渔船集中作业的渔场。

第二十条 从事定置渔具作业的渔船在放置渔具时，应不妨碍其他从事捕捞船舶的正常作业。

第三章　拖网渔船之间的避让责任和行动

第二十一条　追越渔船应给被追越渔船让路，并不得抢占被追越渔船网档的正前方而妨碍其作业。

第二十二条　机动拖网渔船应给非机动拖网渔船让路。

第二十三条　多对渔船在相对拖网作业相遇时，如一方或双方两侧都有同向平行拖网中的渔船，转向避让确有困难，双方应及时缩小网档或采取其他有效的措施，谨慎地从对方网档的外侧通过，直到双方的网具让清为止。

第二十四条　交叉相遇时：

1. 应给本船右舷的另一方船让路；

2. 当让路船不能按上款规定让路时，应预先用声号联系，以取得协调一致的避让行动；

3. 如被让路船是对拖网船，被让路船应适当考虑到让路船的困难，尽量作到协同避让，必要时尽可能缩小网档，加速通过让路船网档的前方海区。

第二十五条　采取大角度转向的拖网中渔船，不得妨碍附近渔船的正常作业。

第二十六条　不得在拖网渔船的网档正前方放网、抛锚或有其他妨碍该渔船正常作业的行动。

第二十七条　多艘单拖网渔船在同向并列拖网中，两船间应保持一定的安全距离。

第二十八条　放网中渔船，应给拖网中或起网中的渔船让路。

第二十九条　拖网中渔船，应给起网中渔船让路。同时起网船，应给正在从事卡包（分吊）起鱼的渔船让路。

第三十条　准备起网的渔船，应在起网前10分钟显示起网信号，夜间应同时开亮甲板工作灯，以引起周围船舶的注意。

第四章　围网渔船之间的避让责任和行动

第三十一条　船组在灯诱鱼群时，后下灯的船组与先下灯的船组间的距离应不少于1000米。

第三十二条　围网渔船不得抢围他船用鱼群指示标（灯）所指示的、并准备围捕的鱼群。

第三十三条　在追捕同一的起水鱼群时，只要有一船已开始放网，他船不得有妨碍该放网船正常作业的行动。

第三十四条　围网渔船在起网过程中：

1. 底纲已绞起的船应尽可能避让底纲未绞起的船；
2. 同是底纲已绞起的船，有带围的船应避让无带围的船；
3. 起（捞）鱼的船应避让正在绞（吊）网的船。

第三十五条　船组在灯诱时，“拖灯诱鱼”的船应避让“漂灯诱鱼”和“锚泊灯诱”的船。

第五章　漂流渔船之间的避让责任和行动

第三十六条　漂流渔船在放出渔具时应与同类船保持一定的安全距离，并尽可能做到同向作业。

第三十七条　当双方的渔具有可能发生纠缠时，各应主动起网，或采取其他有效措施，互相避开。

第六章　能见度不良时的行动规则

第三十八条　各类渔船在放网前应充分掌握周围船舶的动态，

并结合气象与海况谨慎操作。

第三十九条 及时启用雷达，判断有无存在使本方或他方的船舶和渔具遭受损坏的危险，并采取合理的避让措施。

第四十条 拖网渔船在放网时，应采取安全航速。

第四十一条 拖网渔船在拖网中，应适当地缩小网档。

第四十二条 拖网渔船在拖网中发现与他船网档互相穿插时，应立即停车，同时发出声号一短一长二短声（·—··），通知对方立即停车，并采取有效措施，直到双方互不影响拖网作业时为止。

第四十三条 各类渔船除显示规定的号灯外，还可以开亮工作灯或探照灯。

第七章 号灯、号型和灯光信号

第四十四条 船组在起网过程中，当带围船拖带起网船时，应显示从事围网作业渔船的号灯、号型，当有他船临近时，可向拖缆方向照射探照灯。

第四十五条 围网渔船在拖带灯船或舢板进行探测、搜索或追捕鱼群的过程中，应显示拖带船的号灯、号型；当开始放网时，应显示捕鱼作业中所规定的号灯和号型。

第四十六条 灯诱中的围网渔船应按《72 规则》显示捕鱼作业中的号灯。

第四十七条 下列船舶应显示在航船的号灯：

1. 未拖带灯船的围网船在航测鱼群时；
2. 对拖渔船中等待他船起网的另一艘船；
3. 其他脱离渔具的漂流中的船舶。

第四十八条 停靠在围网渔船网圈旁或在围网渔船旁直接从网中起（捞）鱼的运输船舶，应显示围网渔船的号灯、号型。

第四十九条 运输船靠在拖网中的渔船时，应按《72 规则》显示“操纵能力受到限制的船舶”的号灯、号型。

第五十条 围网渔船在夜间放网时：

1. 网圈上应显示五只以上间距相等的白色闪光灯。

2. 如不能按本条 1 款规定显示信号时，应采取一切可能措施，使网圈上有灯光或至少能表明该网圈的存在。

第五十一条 漂流渔船除显示《72 规则》有关号灯、号型外，还应在渔具上显示下列信号：

日间：每隔不大于 500 米的间距，显示顶端有红色三角旗的标志一面；其远离船的一端，应垂直显示红色三角旗两面。

夜间：每隔不大于 1000 米的间距，显示白色灯一盏，在远离船的一端显示红色灯一盏。上述灯光的视距应不少于 0.5 海里。

第八章 附 则

第五十二条 名词解释

1. “渔船”一词是指正在使用拖网、围网、灯诱、流刺网、延绳钓渔具和定置渔具进行捕捞作业的船舶（但不包括曳绳钓和手钓渔具捕鱼的船舶）。

2. “船组”一词是指由一艘围网渔船，一艘或一艘以上灯光船组成的一个生产单位。

3. “网档”一词是指两艘拖网渔船在平行同向拖曳同一渔具过程中，船舶之间的横距。

4. “带围船”一词是指拖带围网渔船的船舶。

5. “从事定置渔具捕捞的船舶”是指在破泊中设置渔具或正在起放定置渔具或系泊在定置渔具上等候潮水起网的船舶。

6. “漂流渔船”一词是指系带渔具随风流漂移而从事捕捞作业的船舶（包括流刺网、延绳钓渔船，但不包括手钓、曳绳钓渔船)。

7. “围网渔船”一词是指正在起、放围网或施放水下灯具或灯光诱集鱼群的船舶。

8. “拖网渔船”一词是指一艘或一艘以上从事拖网或正在起放拖网作业的船舶。

第五十三条 本规定自 1984 年 10 月 1 日起施行。

渔业船舶水上安全事故报告和调查处理规定

中华人民共和国农业部令

2012年第9号

《渔业船舶水上安全事故报告和调查处理规定》已经2012年10月9日农业部第10次常务会议审议通过，现予公布，自2013年2月1日起施行。农业部1991年3月5日发布、1997年12月25日修订的《中华人民共和国渔业海上交通事故调查处理规则》同时废止。

农业部部长

2012年12月25日

第一章 总 则

第一条 为加强渔业船舶水上安全管理，规范渔业船舶水上安全事故的报告和调查处理工作，落实渔业船舶水上安全事故责任追究制度，根据《中华人民共和国安全生产法》、《中华人民共和国海上交通安全法》、《生产安全事故报告和调查处理条例》、《中华人民共和国渔港水域交通安全管理条例》、《中华人民共和国海上交通事故调查处理条例》和《中华人民共和国内河交通安全管理条例》等法律法规，制定本规定。

第二条 下列水上安全事故的报告和调查处理，适用本规定：

（一）船舶、设施在中华人民共和国渔港水域内发生的水上安全事故；

（二）在中华人民共和国渔港水域外从事渔业活动的渔业船舶以及渔业船舶之间发生的水上安全事故。

渔业船舶与非渔业船舶之间在渔港水域外发生的水上安全事故，按照有关规定调查处理。

第三条 本规定所称水上安全事故，包括水上生产安全事故和自然灾害事故。

水上生产安全事故是指因碰撞、风损、触损、火灾、自沉、机械损伤、触电、急性工业中毒、溺水或其他情况造成渔业船舶损坏、沉没或人员伤亡、失踪的事故。

自然灾害事故是指台风或大风、龙卷风、风暴潮、雷暴、海啸、海冰或其他灾害造成渔业船舶损坏、沉没或人员伤亡、失踪的事故。

第四条 渔业船舶水上安全事故分为以下等级：

（一）特别重大事故，指造成30人以上死亡、失踪，或100人以上重伤（包括急性工业中毒，下同），或1亿元以上直接经济损失的事故；

（二）重大事故，指造成10人以上30人以下死亡、失踪，或50人以上100人以下重伤，或5000万元以上1亿元以下直接经济损失的事故；

（三）较大事故，指造成3人以上10人以下死亡、失踪，或10人以上50人以下重伤，或1000万元以上5000万元以下直接经济损失的事故；

（四）一般事故，指造成3人以下死亡、失踪，或10人以下重伤，或1000万元以下直接经济损失的事故。

第五条 县级以上人民政府渔业行政主管部门及其所属的渔政渔港监督管理机构（以下统称为渔船事故调查机关）负责渔业船舶水上安全事故的报告。

除特别重大事故外，碰撞、风损、触损、火灾、自沉等水上安全事故，由渔船事故调查机关组织事故调查组按本规定调查处理；机械损伤、触电、急性工业中毒、溺水和其他水上安全事故，经有调查权限的人民政府授权或委托，有关渔船事故调查机关按本规定调查处理。

第六条 渔业船舶水上安全事故报告应当及时、准确、完整，任何单位或个人不得迟报、漏报、谎报或者瞒报。

渔业船舶水上安全事故调查处理应当实事求是、公平公正，在查清事故原因、查明事故性质、认定事故责任的基础上，总结事故教训，提出整改措施，并依法追究事故责任者的责任。

第七条 任何单位和个人不得阻挠、干涉渔业船舶水上安全事故的报告和调查处理工作。

第二章 事故报告

第八条 各级渔船事故调查机关应当建立24小时应急值班制度，并向社会公布值班电话，受理事故报告。

第九条 发生渔业船舶水上安全事故后，当事人或其他知晓事故发生的人员应当立即向就近渔港或船籍港的渔船事故调查机关报告。

第十条 渔船事故调查机关接到渔业船舶水上安全事故报告后，应当立即核实情况，采取应急处置措施，并按下列规定及时上报事故情况：

（一）特别重大事故、重大事故逐级上报至农业部及相关海区渔政局，由农业部上报国务院，每级上报时间不得超过 1 小时；

（二）较大事故逐级上报至农业部及相关海区渔政局，每级上报时间不得超过 2 小时；

（三）一般事故上报至省级渔船事故调查机关，每级上报时间不得超过 2 小时。

必要时渔船事故调查机关可以越级上报。

渔船事故调查机关在上报事故的同时，应当报告本级人民政府并通报安全生产监督管理等有关部门。

远洋渔业船舶发生水上安全事故，由船舶所属、代理或承租企业向其所在地省级渔船事故调查机关报告，并由省级渔船事故调查机关向农业部报告。中央企业所属远洋渔业船舶发生水上安全事故，由中央企业直接报告农业部。

第十一条 渔船事故调查机关接到非本地管辖渔业船舶水上安全事故报告的，应当在 1 小时内通报该船船籍港渔船事故调查机关，由其逐级上报。

第十二条 渔船事故调查机关上报事故时，应当包括下列内容：

（一）接报时间；

（二）当事船舶概况及救生、通讯设备配备情况；

（三）事故发生时间、地点；

（四）事故原因及简要经过；

（五）已经造成或可能造成的人员伤亡（包括失踪人数）情况和初步估计的直接经济损失；

（六）已经采取的措施；

（七）需要上级部门协调的事项；

（八）其他应当报告的情况。

情况紧急或短时间内难以掌握事故详细情况的，渔船事故调查机关应当首先报告事故主要情况或已掌握的情况，其他情况待核实后及时补报。重大、特别重大事故应当首先通过电话简要报告，并尽快提交书面报告。事故应急处置结束后，应当及时上报全面情况。

第十三条 渔业船舶在渔港水域外发生水上安全事故，应当在进入第一个港口或事故发生后 48 小时内向船籍港渔船事故调查机关提交水上安全事故报告书和必要的文书资料。

船舶、设施在渔港水域内发生水上安全事故，应当在事故发生后 24 小时内向所在渔港渔船事故调查机关提交水上安全事故报告书和必要的文书资料。

第十四条 水上安全事故报告书应当包括以下内容：

（一）船舶、设施概况和主要性能数据；

（二）船舶、设施所有人或经营人名称、地址、联系方式，船长及驾驶值班人员、轮机长及轮机值班人员姓名、地址、联系方式；

（三）事故发生的时间、地点；

（四）事故发生时的气象、水域情况；

（五）事故发生详细经过（碰撞事故应附相对运动示意图）；

（六）受损情况（附船舶、设施受损部位简图），提交报告时难以查清的，应当及时检验后补报；

（七）已采取的措施和效果；

（八）船舶、设施沉没的，说明沉没位置；

（九）其他与事故有关的情况。

第三章　事故调查

第十五条　各级渔船事故调查机关按照以下权限组织调查：

（一）农业部负责调查中央企业所属远洋渔业船舶水上安全事故和由国务院授权调查的特别重大事故，以及应当由农业部调查的渔业船舶与外籍船舶发生的水上安全事故；

（二）省级渔船事故调查机关负责调查重大事故和辖区内企业所属、代理或承租的远洋渔业船舶水上安全较大、一般事故；

（三）市级渔船事故调查机关负责调查较大事故；

（四）县级渔船事故调查机关负责调查一般事故。

上级渔船事故调查机关认为有必要时，可以对下级渔船事故调查机关调查权限内的事故进行调查。

第十六条　船舶、设施在渔港水域内发生的水上安全事故，由渔港所在地渔船事故调查机关调查。

渔业船舶在渔港水域外发生的水上安全事故，由船籍港所在地渔船事故调查机关调查。船籍港所在地渔船事故调查机关可以委托事故渔船到达渔港的渔船事故调查机关调查。不同船籍港渔业船舶间发生的事故由共同上一级渔船事故调查机关或其指定的渔船事故调查机关调查。

第十七条　根据调查需要，渔船事故调查机关有权开展以下工作：

（一）调查、询问有关人员；

（二）要求被调查人员提供书面材料和证明；

（三）要求当事人提供航海日志、轮机日志、报务日志、海图、船舶资料、航行设备仪器的性能以及其他必要的文书资料；

（四）检查船舶、船员等有关证书，核实事故发生前船舶的适航状况；

（五）核实事故造成的人员伤亡和财产损失情况；

（六）勘查事故现场，搜集有关物证；

（七）使用录音、照相、录像等设备及法律允许的其他手段开展调查。

第十八条 渔船事故调查机关开展调查，应当由两名以上调查人员共同参加，并向被调查人员出示证件。

调查人员应当遵守相关法律法规和工作纪律，全面、客观、公正开展调查。

未经授权，调查人员不得发布事故有关信息。

第十九条 事故当事人和有关人员应当配合调查，如实陈述事故的有关情节，并提供真实的文书资料。

第二十条 渔船事故调查机关因调查需要，可以责令当事船舶驶抵指定地点接受调查。除危及自身安全的情况外，当事船舶未经渔船事故调查机关同意，不得驶离指定地点。

第二十一条 渔船事故调查机关应当自接到事故报告之日起60日内制作完成水上安全事故调查报告。

特殊情况下，经上一级渔船事故调查机关批准，可以延长事故调查报告完成期限，但延长期限不得超过60日。

检验或鉴定所需时间不计入事故调查期限。

第二十二条 水上安全事故调查报告应当包括以下内容：

（一）船舶、设施概况和主要性能数据；

（二）船舶、设施所有人或经营人名称、地址和联系方式；

（三）事故发生时间、地点、经过、气象、水域、损失等情况；

（四）事故发生原因、类型和性质；

（五）救助及善后处理情况；

（六）事故责任的认定；

（七）要求当事人采取的整改措施；

（八）处理意见或建议。

第二十三条　渔船事故调查机关经调查，认定渔业船舶水上安全事故为自然灾害事故的，应当报上一级渔船事故调查机关批准。

在能够预见自然灾害发生或能够避免自然灾害不良后果的情况下，未采取应对措施或应对措施不当，造成人员伤亡或直接经济损失的，应当认定为渔业船舶水上生产安全事故。

第二十四条　渔船事故调查机关应当自调查报告制作完成之日起 10 日内向当事人送达调查结案报告，并报上一级渔船事故调查机关。属于非本船籍港渔业船舶事故的，应当抄送当事船舶船籍港渔船事故调查机关。属于渔港水域内非渔业船舶事故的，应当抄送同级相关部门。

第二十五条　在入渔国注册并悬挂该国国旗的远洋渔业船舶发生的水上安全事故，在入渔国相关部门调查处理后，远洋渔业船舶所属、代理或承租企业应当将调查结果经所在地省级渔船事故调查机关上报农业部。

第二十六条　渔船事故调查机关应当按照有关规定归档保存水上安全事故报告书和水上安全事故调查报告等调查材料。

第四章　事故处理

第二十七条　对渔业船舶水上安全事故负有责任的人员和船舶、设施所有人、经营人，由渔船事故调查机关依据有关法律法规和《中华人民共和国渔业港航监督行政处罚规定》给予行政处罚，并可建议有关部门和单位给予处分。

对渔业船舶水上安全事故负有责任的人员不属于渔船事故调查机关管辖范围的，渔船事故调查机关可以将有关情况通报有关主管机关。

第二十八条　根据渔业船舶水上安全事故发生的原因，渔船事故调查机关可以责令有关船舶、设施的所有人、经营人限期加强对所属船舶、设施的安全管理。对拒不加强安全管理或在期限内达不到安全要求的，渔船事故调查机关有权禁止有关船舶、设施离港，或责令其停航、改航、停止作业，并可依法采取其他必要的强制处置措施。

第二十九条　渔业船舶水上安全事故当事人和有关人员涉嫌犯罪的，渔船事故调查机关应当依法移送司法机关追究刑事责任。

第五章　调　解

第三十条　因渔业船舶水上安全事故引起的民事纠纷，当事人各方可以在事故发生之日起 30 日内，向负责事故调查的渔船事故调查机关共同书面申请调解。

已向仲裁机构申请仲裁或向人民法院提起诉讼，当事人申请调解的，不予受理。

第三十一条　渔船事故调查机关开展调解，应当遵循公平自愿的原则。

第三十二条 经调解达成协议的，当事人各方应当共同签署《调解协议书》，并由渔船事故调查机关签章确认。

第三十三条 《调解协议书》应当包括以下内容：

（一）当事人姓名或名称及住所；

（二）法定代表人或代理人姓名及职务；

（三）纠纷主要事实；

（四）事故简况；

（五）当事人责任；

（六）协议内容；

（七）调解协议履行的期限。

第三十四条 已向渔船事故调查机关申请调解的民事纠纷，当事人中途不愿调解的，应当递交终止调解的书面申请，并通知其他当事人。

第三十五条 自受理调解申请之日起 3 个月内，当事人各方未达成调解协议的，渔船事故调查机关应当终止调解，并告知当事人可以向仲裁机构申请仲裁或向人民法院提起诉讼。

第六章　附　则

第三十六条 本规定第二条第一款中设施是指水上水下各种固定或浮动建筑、装置和固定平台。

第三十七条 本规定第三条第二款中下列事故类型的含义：

（一）碰撞，指船舶与船舶或船舶与排筏、水上浮动装置发生碰撞造成船舶损坏、沉没或人员伤亡、失踪，以及船舶航行产生的浪涌致使他船损坏、沉没或人员伤亡、失踪；

（二）风损，指准许航行作业区为沿海航区（Ⅲ类）、近海航区（Ⅱ类）、远海航区（Ⅰ类）的渔业船舶分别遭遇八级、十级和十二级以下风力造成损坏、沉没或人员伤亡、失踪；

（三）触损，指船舶触碰岸壁、码头、航标、桥墩、钻井平台等水上固定物和沉船、木桩、渔栅、潜堤等水下障碍物，以及船舶触碰礁石或搁置在礁石、浅滩上，造成船舶损坏、沉没或人员伤亡、失踪；

（四）火灾，指船舶因非自然因素失火或爆炸，造成船舶损坏、沉没或人员伤亡、失踪；

（五）自沉，指船舶因超载、装载不当、船体漏水等原因或不明原因，造成船舶沉没，人员伤亡、失踪；

（六）机械损伤，指影响适航性能的船舶机件或重要属具的损坏、灭失，以及操作和使用机械或网具等生产设备造成人员伤亡、失踪；

（七）触电，指船上人员不慎接触电流导致伤亡；

（八）急性工业中毒，指船上人员身体因接触生产中所使用或产生的有毒物质，使人体在短时间内发生病变，导致人员立即中断工作；

（九）溺水，指船上人员不慎落入水中导致伤亡、失踪；

（十）其他，指以上类型以外的导致渔业船舶水上生产安全事故的情况。

第三十八条　本规定第三条第三款中下列事故类型的含义：

（一）台风或大风，指在准许航行作业区为沿海航区（Ⅲ类）、近海航区（Ⅱ类）、远海航区（Ⅰ类）的渔业船舶分别遭遇八级、十级和十二级以上风力袭击，或在港口、锚地遭遇超过港口规定避风等级的风力袭击，或遭遇Ⅱ级警报标准以上海浪袭击，造成渔业船舶损坏、沉没或人员伤亡、失踪。

（二）龙卷风，指渔业船舶遭遇龙卷风袭击，造成渔业船舶损坏、沉没或人员伤亡、失踪。

（三）风暴潮，指渔业船舶在港口、锚地遭遇Ⅱ级警报标准以上风暴潮袭击，造成渔业船舶损坏、沉没或人员伤亡、失踪。

（四）雷暴，指渔业船舶遭遇雷电袭击，引起火灾、爆炸，造成渔业船舶损坏、沉没或人员伤亡、失踪。

（五）海啸，指渔业船舶遭遇Ⅱ级警报标准以上海啸袭击，造成渔业船舶损坏、沉没或人员伤亡、失踪。

（六）海冰，指渔业船舶在海（水）上遭遇预警标准以上海冰、冰山、凌汛袭击，造成渔业船舶损坏、沉没或人员伤亡、失踪。

（七）其他，指渔业船舶遭遇由气象机构或海洋气象机构证明或有关主管机关认定的其他自然灾害袭击，造成渔业船舶损坏、沉没或人员伤亡、失踪。

第三十九条　渔业船舶水上安全事故报告和调查处理文书表格格式，由农业部统一制定。

第四十条　本规定所称的“以上”包括本数，“以下”不包括本数。

第四十一条　本规定自2013年2月1日起施行，1991年3月5日农业部发布、1997年12月25日修订的《中华人民共和国渔业海上交通事故调查处理规则》同时废止。

渔业船舶水上事故统计规定

农渔发（2010）41号

第一条 为了规范渔业船舶水上事故统计工作，全面掌握事故发生情况，根据《中华人民共和国统计法》、《中华人民共和国安全生产法》、《中华人民共和国海上交通安全法》、《生产安全事故报告和调查处理条例》和《内河交通安全管理条例》等有关法律法规，制定本规定。

第二条 本规定适用于在中华人民共和国渔政渔港监督管理机构登记注册的渔业船舶水上事故的统计。渔业船舶水上事故分为生产安全事故和自然灾害事故。

非渔业船舶与渔业船舶发生碰撞或非渔业船舶航行产生的浪涌致使渔业船舶损坏、沉没及人员伤亡的事故作为水上交通事故单独统计。

远洋渔业船舶、渔业行政执法船艇、港澳流动渔业船舶、未经渔政渔港监督管理机构登记注册从事渔业活动的特殊船舶发生的事故，单独进行统计。

第三条 农业部主管全国渔业船舶水上事故的统计工作，农业部渔政指挥中心为具体执行机构。县级以上地方渔业行政主管部门和各海区渔政局依照本规定，按照属地（船籍港）管辖原则，负责本辖区渔业船舶水上事故的统计工作。

第四条 县级以上地方渔业行政主管部门和各海区渔政局应确定事故统计机构，建立工作责任制，指定专人负责，并将统计机构及联系人报农业部渔政指挥中心备案。

第五条 渔业船舶水上事故分为以下等级：

（一）特别重大事故，指造成30人以上死亡（含失踪），或100人以上重伤（包括急性工业中毒，下同），或1亿元以上直接经济损失的事故；

（二）重大事故，指造成10人以上30人以下死亡（含失踪），或50人以上100人以下重伤，或5000万元以上1亿元以下直接经济损失的事故；

（三）较大事故，指造成3人以上10人以下死亡（含失踪），或10人以上50人以下重伤，或1000万元以上5000万元以下直接经济损失的事故；

（四）一般事故，指造成3人以下死亡（含失踪），或10人以下重伤，或1000万元以下直接经济损失的事故。

第六条 本规定所称重伤是指事故造成船上人员肢体残缺或视觉、听觉等器官受到严重损伤，一般能引起人体长期存在功能障碍，或劳动能力有重大损失的伤害。具体是指损失工作日等于和超过105日的永久性全部丧失劳动能力伤害。

第七条 本规定所称直接经济损失主要指：

（一）财产损失，包括渔业船舶船体、船上机械设备、通信设备及所载其他物品的损坏和灭失；

（二）人身伤亡后所支出的费用，包括医疗、丧葬与抚恤、补助及救济费用和歇工工资；

（三）事故救援费用，包括处理事故的事务性费用、现场抢救费用和清理现场费用。

第八条 渔业船舶水上生产安全事故是指以下情况造成渔业

船舶损坏、沉没及人员伤亡的事故：

（一）碰撞，指渔业船舶之间或渔业船舶与排筏、水上浮动装置发生碰撞造成渔业船舶损坏、沉没及人员伤亡，以及渔业船舶航行产生的浪涌致使其他渔业船舶损坏、沉没及人员伤亡；

（二）风损，指渔业船舶因可抗风力造成损坏、沉没及人员伤亡；

（三）触损，指渔业船舶触碰岸壁、码头、航标、桥墩、钻井平台等水上固定物和沉船、木桩、渔栅、潜堤等水下障碍物，以及渔业船舶触碰礁石或搁置在礁石、浅滩上，造成渔业船舶损坏、沉没及人员伤亡；

（四）自沉，指渔业船舶因超载、装载不当、船体漏水等原因或不明原因，造成渔业船舶沉没及人员伤亡；

（五）火灾，指渔业船舶因非自然因素失火或爆炸，造成渔业船舶损坏、沉没及人员伤亡；

（六）机械损伤，指影响适航性能的渔业船舶机件或重要属具的损坏、灭失，以及操作和使用机械或网具等生产设备时造成的人员伤亡；

（七）触电，指渔业船舶上的人员不慎接触电流导致伤亡；

（八）急性工业中毒，指渔业船舶上的人员身体因接触生产中所使用或产生的有毒物质，使人体在短时间内发生病变，导致人员立即中断工作；

（九）溺水，指渔业船舶上的人员不慎落入水中导致伤亡；

（十）网具损毁，指因人为外力造成的网具损坏或灭失；

（十一）其他，引起财产损失或人身伤亡的其他渔业船舶水上生产安全事故。

第九条 渔业船舶自然灾害事故是指以下灾害造成渔业船舶损坏、沉没及人员伤亡的事故：

（一）台风或大风，指渔业船舶在准许航行作业区为沿海航区（Ⅲ类）、近海航区（Ⅱ类）、远海航区（Ⅰ类）分别遭遇 8 级、10 级和 12 级及上风力袭击，或在港口、锚地遭遇超过港口规定避风等级的风力袭击，或遭遇Ⅱ级警报标准以上海浪袭击，造成渔业船舶损坏、沉没或人员伤亡。依据风源确定为台风或大风类型。

（二）龙卷风，指渔业船舶遭遇龙卷风袭击，造成渔业船舶损坏、沉没或人员伤亡。

（三）风暴潮，指渔业船舶在港口、锚地遭遇Ⅱ级警报标准以上风暴潮袭击，造成渔业船舶损坏、沉没或人员伤亡。

（四）雷暴，指渔业船舶遭遇强对流发展成积云后出现的雷电袭击，引起火灾、爆炸，造成渔业船舶损坏、沉没或人员伤亡。

（五）海啸，指渔业船舶遭遇海底地震、海底火山爆发、海岸山体和海底滑坡等引发的Ⅱ级警报标准以上海啸袭击，造成渔业船舶损坏、沉没或人员伤亡。

（六）海冰，指渔业船舶在海（水）上遭遇预警标准以上海冰、冰山、凌汛袭击，造成渔业船舶损坏、沉没或人员伤亡。

（七）其他，指渔业船舶遭遇由气象机构或海洋气象机构证明或有关主管机关认定的其他自然灾害袭击，造成渔业船舶损坏、沉没和人员伤亡。

第十条 渔业船舶水上事故按月度和年度进行统计。

月度统计期为上月 24 日至本月 23 日，年度统计期为上年 12 月 24 日至本年 12 月 23 日。

月度、年度统计期后发生的重大、特大事故，由农业部渔政指挥中心统计在当月、当年事故中。

第十一条 各级事故统计机构应填写《渔业船舶水上生产安全事故基本情况报表》、《渔业船舶自然灾害事故统计报表》，并逐级汇总上报至农业部渔政指挥中心。

（一）沿海省级事故统计机构上报至相关海区渔政局，由其汇总上报农业部渔政指挥中心；内陆省级事故统计机构直接上报农业部渔政指挥中心；

（二）统计报表上报农业部渔政指挥中心的截止日期分别为次月1日和次年1月1日，如截止日期逢法定节假日，截止日期提前至统计当月和当年最后一个工作日。

第十二条 一起事故造成人员死亡（含失踪）、重伤和直接经济损失分别符合2个以上事故等级的，按最高事故等级进行统计。

第十三条 当同一起事故涉及到两艘以上不同属地的渔业船舶时，不论事故责任归属，事故等级应按所有当事船舶的人员伤亡或直接经济损失总和确定，事故起数应分别由所属统计机构按一起事故统计，伤亡人数、直接经济损失按渔业船舶各自实际伤亡人数、直接经济损失数分别统计，并由其共同上级事故统计机构按一起事故汇总。

第十四条 渔业船舶自然灾害事故统计应与渔业统计年报相应数据口径一致。

第十五条 确认事故发生并造成人员失踪，人员失踪满30天，按死亡统计；不能确认事故发生，渔业船舶及其船上人员失踪满3个月，按沉船和死亡统计。在事故发生之日起7天内死亡的（因医疗事故死亡的除外，但必须经医疗事故鉴定部门确认），按死亡统计。

第十六条 渔业船舶倾覆或沉没后又修复的，不按沉船统计，只计直接经济损失。

第十七条 统计时难以确定事故直接经济损失的，可按估算经济损失填写，核定后再予以更正、补报。

第十八条 漏报或错报的，应及时逐级补报或更正，并附书面说明。有重大变更情况的，应以正式文件上报提请更正。

第十九条 非渔业船舶与渔业船舶发生碰撞或非渔业船舶航行产生的浪涌致使渔业船舶损坏、沉没及人员伤亡的事故作为水上交通事故单独统计，事故等级应按所有当事船舶的人员伤亡或直接经济损失总和确定，伤亡人数、直接经济损失按渔业船舶实际伤亡人数、直接经济损失数确定，并按渔业船舶占所有当事船舶的比例确定事故起数，填写《水上交通事故统计报表》，并逐级汇总上报至农业部渔政指挥中心。

第二十条 下列特殊船舶发生的事故，单独统计：

远洋渔业船舶发生的事故，由相关企业所属省级渔业行政主管部门统计；中央所属企业的远洋渔业船舶发生的事故，由农业部统计。渔业行政执法船艇发生的事故，由所属地渔业行政主管部门统计。港澳流动渔业船舶发生的事故，由相关省渔业行政主管部门统计。未经渔政渔港监督管理机构登记注册从事渔业活动的船舶发生的事故，由事故发生地或船舶所有人经常居住地渔业行政主管部门统计；船舶所有人经常居住地不确定的，由其户籍所在地渔业行政主管部门统计。

以上事故不计入当地渔业船舶事故统计总数，由各事故统计机构填写《特殊船舶事故统计报表》，逐级汇总上报至农业部渔政指挥中心。

第二十一条 下列原因造成的人员伤亡和直接经济损失不作统计：

（一）船上人员突发疾病、食物中毒等非生产安全事故；

（二）斗殴等社会治安案件和抢劫、走私、海盗等违法犯罪行为；

（三）战争或军事行动。

第二十二条 各省级渔业行政主管部门可根据本规定，结合实际制定本地区具体规定，报农业部渔政指挥中心备案。

第二十三条 本规定所称的“以上”包括本数，“以下”不包括本数。

第二十四条 本规定由农业部负责解释。

第二十五条 本规定自2011年1月1日起施行，2004年7月1日施行的《中华人民共和国渔业船舶水上事故报告和统计规定》同时废止。

渔业水域污染事故调查处理程序规定

（1997年3月26日农业部令第13号发布）

第一章　总　则

第一条　为及时、公正地调查处理渔业水域污染事故，维护国家、集体和公民的合法权益，根据《中华人民共和国环境保护法》、《中华人民共和国水污染防治法》、《中华人民共和国渔业法》等有关法律法规，制定本规定。

第二条　任何公民、法人或其他组织造成渔业水域污染事故的，应当接受渔政监督管理机构（以下简称主管机构）的调查处理。

各级主管机构调查处理渔业水域污染事故适用本规定。

第三条　本规定所称的渔业水域是指鱼虾贝类的产卵场、索饵场、越冬场、洄游通道和鱼虾贝藻类及其他水生动植物的增养殖场。

第四条　本规定所称的渔业水域污染事故是指由于单位和个人将某种物质和能量引入渔业水域，损坏渔业水体使用功能，影响渔业水域内的生物繁殖、生长或造成该生物死亡、数量减少，以及造成该生物有毒有害物质积累、质量下降等，对渔业资源和渔业生产造成损害的事实。

第二章　污染事故处理管辖

第五条　地（市）、县主管机构依法管辖其监督管理范围内的较大及一般性渔业水域污染事故。

省（自治区、直辖市）主管机构依法管辖其监督管理范围内直接经济损失额在百万元以上的重大渔业水域污染事故。

中华人民共和国渔政渔港监督管理局管辖或指定省级主管机构处理直接经济损失额在千万元以上的特大渔业水域污染事故和涉外渔业水域污染事故。

第六条 中华人民共和国渔政渔港监督管理局成立渔业水域污染事故技术审定委员会，负责全国重大渔业水域污染事故的技术审定工作。

第七条 下级主管机构对其处理范围内的渔业水域污染事故，认为需要由上级主管机构处理的，可报请上级主管机构处理。

第八条 上级主管机构管辖的渔业水域污染事故必要时可以指定下级机构处理。

第九条 对管辖权有争议的渔业水域污染事故，由争议双方协商解决，协商不成的，由共同的上一级主管机构指定机关调查处理。

第十条 指定处理的渔业水域污染事故应办理书面手续。主管机构指定的单位，须在指定权限范围内行使权力。

第十一条 跨行政区域的渔业水域污染纠纷，按照《中华人民共和国水污染防治法》第二十六条的规定，由有关地方人民政府协商解决，或者由其共同的上级人民政府协调解决，主管机构应积极配合有关地方人民政府做好事故的处理工作。

第三章 调查与取证

第十二条 主管机构在发现或接到事故报告后，应做好下列工作：

（一）填写事故报告表，内容包括报告人、事故发生时间、地点、污染损害原因及状况等。

（二）尽快组织渔业环境监测站或有关人员赴现场进行调查取证。重大、特大及涉外渔业水域污染事故应立即向同级人民政府及环境保护主管部门和上一级主管机构报告。

（三）对污染情况复杂、损失较重的污染事故，应参照农业部颁布的《污染死鱼调查方法（淡水）》的规定进行调查取证。

第十三条 渔业执法人员调查处理渔业水域污染事故，应当收集与污染事故有关的各种证据，证据包括书证、物证、视听资料、证人证言、当事人陈述、鉴定结论、现场笔录。

证据必须查证属实，才能作为认定事实的依据。

第十四条 调查渔业水域污染事故，必须制作现场笔录，内容包括：发生事故时间、地点、水体类型、气候、水文、污染物、污染源、污染范围、损失程度等。

笔录应当表述清楚，定量准确，如实记录，并有在场调查的两名渔业执法人员的签名和笔录时间。

第十五条 渔业环境监测站出具的监测数据、鉴定结论或其他具备资格的有关单位出具的鉴定证明是主管机构处理污染事故的依据。

监测数据、鉴定结果报告书由监测鉴定人员签名，并加盖单位公章。

第四章 处理程序

第十六条 因渔业水域污染事故发生的赔偿责任和赔偿金额的纠纷，当事人可以向事故发生地的主管机构申请调解处理，当事人也可以直接向人民法院起诉。

第十七条 主管机构受理当事人事故纠纷调解处理申请应符合下列条件：

（一）必须是双方当事人同意调解处理；

（二）申请人必须是与渔业损失事故纠纷有直接利害关系的单位或个人

（三）有明确的被申请人和具体的事实依据与请求；

（四）不超越主管机构受理范围。

第十八条 如属当事人一方申请调解的，主管机构有责任通知另一方接受调解，如另一方拒绝接受调解，当事人可直接向人民法院起诉。

第十九条 请求主管机构调解处理的纠纷，当事人必须提交申请书，申请书应写明如下事实：

（一）申请人与被申请人的姓名、性别、年龄、职业、住址、邮政编码等（单位的名称、地址、法定代表人的姓名）；

（二）申请事项，事实和理由

（三）与事故纠纷有关的证据和其他资料；

（四）请求解决的问题。

申请书一式三份，申请人自留一份，两份递交受理机构。

第二十条 主管机构受理污染事故赔偿纠纷后，可根据需要邀请有关部门的人员参加调解处理工作。

负责和参加处理纠纷的人员与纠纷当事人有利害关系时，应当自行回避，当事人也可提出回避请求。

第二十一条 主管机构应在收到申请书十日内将申请书副本送达被申请人。被申请人在收到申请书副本之日起十五日内提交答辩书和有关证据。被申请人不按期或不提出答辩书的，视为拒绝调解处理，主管机构应告知申请人向人民法院起诉。

第二十二条 调解处理过程中，应召集双方座谈协商。经协商可达成调解协议。

第二十三条 调解协议书经当事人双方和主管机构三方签字盖章后生效。

当事人拒不履行调解协议的，主管机构应督促履行，同时当事人可向人民法院起诉。

第二十四条 当事人对主管机构调解污染事故赔偿纠纷处理决定不服的，可以向人民法院起诉。

第二十五条 调解处理过程中，当事人一方向法院起诉，调解处理终止。

第二十六条 凡污染造成渔业损害事故的，都应赔偿渔业损失，并由主管机构根据情节依照《渔业行政处罚程序规定》对污染单位和个人给予罚款。

第二十七条 凡污染造成人工增殖和天然渔业资源损失的，按污染对渔业资源的损失及渔业生产的损害程度，由主管机构依照《渔业行政处罚程序规定》责令赔偿渔业资源损失。

第五章 附 则

第二十八条 本规定中渔业损失的计算，按农业部颁布的《水域污染事故渔业损失计算方法规定》执行。

第二十九条 本规定中事故报告登记表、现场记录、渔业水域污染事故调解协议书等文书格式，由农业部统一制定。

第三十条 本规定由农业部负责解释。

水域污染事故渔业损失计算方法规定

（一九九六年十月八日农业部发布）

为加强渔业水域环境的监督管理，科学合理地计算因污染事故造成的渔业损失，为正确判定和处理污染事故提供依据，现制定以下计算方法。

一、污染事故渔业损失量的计算

污染事故中的渔业损失量，是指污染源直接或间接污染渔业水域造成鱼、虾、蟹、贝、藻等及珍稀、濒危水生野生动植物死亡或受损的数量。计算方法的选择应根据事故水域的类型、水文状况、受污染面积的大小以及受损害资源的种类而定。

（一）围捕统计法

应用范围：适用于能进行围捕操作的水域，其污染事故水域面积在万亩以下。

围捕设点和计算方法：在事故水域中，设置具有代表性的围捕点8—10个，每个围捕点的面积20—50亩，在围捕中，按种类和规格（苗种、成品）分别统计水产生物死亡量和具有严重中毒症的水产生物数量。

围捕点及各点面积的设定由渔政监督管理机构根据受污染水域的具体状况决定。

计算方法：

各围捕点单位面积平均损失量=各围捕点单位面积损失（包括中毒量）之和÷围捕点数

事故水域总损失量=（单位面积平均损失量×事故水域总面积+群众捕捞的损失量）

水域面积在万亩以上，或其损失密度分布呈明显区域性的养殖水域，分别围捕统计，总损失量等于各区域的损失量之和。

（二）调查估算法

应用范围：适用于难以设点围捕的大面积增、养殖水域。

估算方法：

1. 调查养殖单位当年投放苗种的分类放养量，以养殖单位提供的发票、生产原始记录和旁证为准，并由渔政监督管理机构核定。

2. 以粗养为主的应考虑原有天然渔业资源量。

3. 由渔政监督管理机构组织有关单位或事故双方评估事故水域中的损失量（F1）；

4. 由渔政机构抽样调查群众自发性捕捞的损失量（F2）；

5. 总损失量 Y=F1+F2

（三）统计推算法

1. 精养池塘或小面积渔业水域。

事故水域的损失量=当年计划全部产量-已捕产量

前三年亩平均产量

当年计划全部产量=当年投放的苗种数量×前三年亩平均放苗种数

2. 养殖、增殖水面（包括港湾、湖泊、水库、外荡等）。

推算公式：

Y=F+F1+F2

F=（M×X×N-F’）×S×P

F1=（上年放养增殖量-上年起捕量）×P

注释：

Y：总损失量（公斤）

F：当年放养水产生物的损失量（公斤）

F1：上年剩余水产生物损失量（公斤）

F2：自然繁殖水产生物的损失量（公斤）

M：亩放苗种数（尾、只、颗/亩）

X：成活率（%）

N：起捕规格（公斤/尾、只、颗）

F'：已捕产量（公斤/亩）

S：受污面积（亩）

P：受污水产生物损失率（%）

3. 滩涂养殖和围塘养殖：

Y=（M×X×N-F'）×S×P

※（公式中字母注释同上）

各因子的确定：M、N、X、F'由污染受害单位或个人出具证明，当地渔政监督管理机构审核；S，P由污染受害单位或个人提供情况，当地渔政监督管理机构组织有关部门调查确定。

4. 虾、蟹、贝、藻损失量的推算方法：

S×M×X

计算公式 Y=K×F1

N

注释：

Y：损失产量（公斤）

F1：污染面积内收获产量（公斤）

K：养殖技术、养殖环境等因素的综合参考系数

S：受污染面积（亩）

M：亩放苗种数量（只、棵、尾）

X：成活率（%）

N：成品规格（只、棵、尾/公斤）

注：由于养殖环境、养成水平等差异，造成各地养成产量参差不齐，故设K值系数，该系数的具体数值可参考当地历年产量和本年度产量等因素而定。

（四）专家评估法

在难以用上述公式计算的天然渔业水域，包括内陆的江河、河泊、河口及沿岸海域、近海，可采用专家评估法，主要以现场调查、现场取证、生产统计数据、资源动态监测资料等为评估依据，必要时以试验数据资料作为评估的补充依据。

基本程序为：

1. 进行生产和资源的现场调查，确定事故水域主要渔业资源的种类及主要渔获物组成；

2. 资源量的确定：

（1）江河、河口及海域的资源量

近3—5年的平均产量÷资源开发率

（开发率视当地捕捞强度和种群自生能力而定）

（2）增殖资源量

近3—5年的平均投放尾数×回捕规格×回捕率÷资源开发率

3. 资源损失量的确定。由渔政监督管理机构组织有关专家评估，确定其损失量，对资源损失大的（10万元以上）要写出详细的评估报告。

二、污染事故经济损失量的计算

因渔业环境污染、破坏直接对受害单位和个人造成的损失，在计算经济损失额时只计算直接经济损失。

因渔业环境污染、破坏不仅对受害单位和个人造成损失，而且造成天然渔业资源和渔政监督管理机构增殖放流资源的无法再利用，以及可能造成的渔业产量减产等损失，在计算经济损失额时，将直接经济损失额与天然渔业资源损失额相加。

（一）直接经济损失额的计算

直接经济损失包括水产品损失、污染防护设施损失、渔具损失以及清除污染费和监测部门取证、鉴定等工作的实际费用。

水产品损失额按照当时当地工商行政管理部门提供的主要菜市场零售价格来计算。水产品损失量包括中毒致死量和有明显中毒症状但尚能存活以及因污染造成不能食用的。由于水产品损失量既包括成品，也包括半成品、苗种，而计算损失量，最终以成品损失量表示，因此苗种、半成品与成品损失量的换算比由渔政监督管理机构根据不同种类和当地实际情况而定。网箱、稻田养鱼按实际损失额计算：

水产品损失额=当地市场价格×损失量

养殖种类亲本和原种的死亡损失价格，计算时要根据其重要程度按高于一般商品价格的50—500%计算，具体价格由渔政监督管理机构确定。

污染防护设施损失、渔具损失以及清除污染费用和监测部门取证、鉴定等所需的费用按实际投入计算。

（二）天然渔业资源经济损失额的计算

该损失计算由渔政监督管理机构根据当地的资源情况而定，

但不应低于直接经济损失中水产品损失额的3倍。

天然渔业资源损失的赔偿费由渔政监督管理机构收取，用于增殖放流和渔业生态环境的改善、保护及管理。

因爆破、勘探、倾废、围垦等工程造成的渔业损失计算原则上也适用于本规定。

因污染使水生野生动物自然保护区的生息繁衍条件受到损失，应按《中华人民共和国水生野生动物保护实施条例》第二十七条规定处理。

三、本规定由农业部负责解释。

四、本规定自公布之日起实施。

1994年农业部发布的“关于印以《水域污染事故渔业资源损失计算方法》的通知”同时废止。

渔业捕捞许可管理规定

中华人民共和国农业部令

2013 年第 5 号

《农业部关于修订部分规章的决定》业经 2013 年 12 月 18 日农业部第 10 次常务会议审议通过，现予公布，自公布之日起施行。

农业部部长

2013 年 12 月 31 日

（2002 年 8 月 23 日农业部令第 19 号发布，自 2002 年 12 月 1 日起施行；2004 年 7 月 1 日农业部令第 38 号修订，2007 年 11 月 8 日农业部令第 6 号修订，2013 年 12 月 31 日农业部令第 5 号修订）

第一章　总　则

第一条　为了保护、合理利用渔业资源，控制捕捞强度，维护渔业生产秩序，保障渔业生产者的合法权益，根据《中华人民共和国渔业法》（以下称《渔业法》），制定本规定。

第二条 中华人民共和国的公民、法人和其他组织从事渔业捕捞活动，以及外国人在中华人民共和国管辖水域从事渔业捕捞活动，应当遵守本规定。中华人民共和国缔结的条约、协定另有规定的，按条约、协定执行。

第三条 国家对捕捞业实行船网工具控制指标管理，实行捕捞许可证制度和捕捞限额制度。

第四条 渔业捕捞许可证、船网工具控制指标等证书的审批和签发实行签发人制度。

第五条 农业部主管全国渔业捕捞许可管理工作。

农业部各海区渔政渔港监督管理局分别负责本海区的捕捞许可管理的组织和实施工作。县级以上地方人民政府渔业行政主管部门及其所属的渔政监督管理机构负责本行政区域内的捕捞许可管理的组织和实施工作。

第二章 捕捞渔船和作业场所的分类

第六条 海洋捕捞渔船按下列标准分类：

（一）海洋大型捕捞渔船：主机功率大于等于441千瓦（600马力）。

（二）海洋小型捕捞渔船：主机功率不满44.1千瓦（60马力）且船长不满12米。

（三）海洋中型捕捞渔船：海洋大型和小型捕捞渔船以外的海洋捕捞渔船。

内陆水域捕捞渔船的分类标准由各省、自治区、直辖市渔业行政主管部门制定。

第七条 海洋捕捞作业场所分为以下四类：

（一）A类渔区：黄海、渤海、东海和南海及北部湾等海域机动渔船底拖网禁渔区线向陆地一侧海域。

（二）B类渔区：我国与有关国家缔结的协定确定的共同管理渔区、南沙海域、黄岩岛海域及其他特定渔业资源渔场和水产种质资源保护区。

（三）C类渔区：渤海、黄海、东海、南海及其他我国管辖海域中除A类、B类渔区之外的海域。其中，黄渤海区为C1、东海区为C2、南海区为C3。

（四）D类渔区：公海。

第三章 船网工具指标管理

第八条 农业部报国务院批准后，向有关省、自治区、直辖市下达海洋捕捞业船网工具控制指标。地方各级渔业行政主管部门控制本行政区域内捕捞渔船的数量、功率，不得超过国家下达的船网工具控制指标，具体办法由省、自治区、直辖市人民政府规定，送农业部备案。

内陆水域捕捞业的船网工具控制指标和管理办法，由省、自治区、直辖市人民政府规定。

第九条 制造、更新改造、购置、进口海洋捕捞渔船，必须经本规定第十一条和第十二条规定的审批权主管机关批准，由主管机关在国家下达的船网工具控制指标内核定船网工具指标。

第十条 申请海洋捕捞渔船船网工具指标，应当提供下列资料：

（一）制造海洋捕捞渔船

1. 渔业船网工具指标申请书；

2. 企业法人营业执照或个人户籍证明复印件。

海洋捕捞渔船淘汰后申请制造渔船的，除提供第（一）项规定的资料外，还应当提供县级以上渔业行政主管部门出具的渔业船舶拆解、销毁或处理证明原件和原发证机关出具的渔业船舶证书（渔业船舶检验证书、渔业船舶登记证书或渔业船舶国籍证书、渔业捕捞许可证）注销证明原件。

因海损事故造成捕捞渔船灭失后申请制造海洋捕捞渔船的，除提供第（一）项规定的资料外，还应当提供船籍港登记机关出具的灭失证明和原发证机关出具的渔业船舶证书（渔业船舶检验证书、渔业船舶登记证书或渔业船舶国籍证书、渔业捕捞许可证）注销证明原件。

申请制造到他国管辖海域作业渔船的，除提供第（一）项规定的资料外，还应当提供与外方的合作协议或有关当局同意入渔的证明原件及复印件。

申请制造专业远洋渔船的，除提供第（一）项规定的资料外，还应当提供远洋渔业项目可行性研究报告。

（二）购置海洋捕捞渔船

1. 渔业船网工具指标申请书；

2. 企业法人营业执照或个人户籍证明复印件；

3. 被购置渔船的渔业船舶检验证书和国籍（登记）证书原件和复印件；

4. 被购置渔船的渔业捕捞许可证复印件。

申请购置专业远洋渔船的，除提供第（二）项规定的资料外，还应当提供远洋渔业项目可行性研究报告。

申请购置到他国管辖海域作业渔船的，除提供第（二）项规定的资料外，还应当提供与外方的合作协议或有关当局同意入渔的证明原件及复印件。

申请跨省购置国内捕捞渔船的，除提供第（二）项规定的资料外，还应当提供卖方所在省级渔业行政主管部门依据原渔业捕捞许可证贴附的渔船主机功率凭证出具的同意转移船网工具指标证明原件，以及原发证机关出具的渔业捕捞许可证注销证明原件。

（三）更新改造海洋捕捞渔船

1. 渔业船网工具指标申请书；

2. 企业法人营业执照或个人户籍证明复印件；

3. 渔业船舶检验证书和国籍（登记）证书原件和复印件；

4. 渔业捕捞许可证复印件。

申请更新改造专业远洋渔船的，除提供第（三）项规定的资料外，还应当提供远洋渔业项目可行性研究报告。

申请更新改造到他国管辖海域作业渔船的，除提供第（三）项规定的资料外，还应当提供与外方的合作协议或有关当局同意入渔的证明原件和复印件。

申请增加渔船主机功率，增加部分的船网工具指标，除提供第（三）项规定的资料外，还应当提供县级以上渔业行政主管部门出具的渔业船舶拆解、销毁或处理证明原件和原发证机关出具的渔业船舶证书（渔业船舶检验证书、渔业船舶登记证书或渔业船舶国籍证书、渔业捕捞许可证）注销证明原件。

（四）进口海洋捕捞渔船

1. 渔业船网工具指标申请书；

2. 企业法人营业执照或个人户籍证明复印件；

3. 进口理由；

4.《旧渔业船舶进口技术评定书》原件和复印件。

申请进口专业远洋渔船的，除提供第（四）项规定的资料外，还应当提供远洋渔业项目可行性研究报告。

申请进口到他国管辖海域作业渔船的，除提供第（四）项规定的资料外，还应当提供与外方的合作协议或有关当局同意入渔的证明原件和复印件。

（五）购置并制造、购置并更新改造、进口并更新改造海洋捕捞渔船，申请人应当同时按照制造、更新改造和进口海洋捕捞渔船的要求提供有关材料。

（六）补发《渔业船网工具指标批准书》

1. 渔业船网工具指标申请书；

2. 企业法人营业执照或个人户籍证明复印件；

3. 所在地县级以上主管机构提供的丢失证明。

第十一条　下列海洋捕捞渔船的船网工具指标，向省级人民政府渔业行政主管部门申请。省级人民政府渔业行政主管部门应当自申请受理之日起20日内完成初步审查，并将审查意见和申请人的全部申请材料报农业部审批：

（一）专业远洋渔船；

（二）海洋大型拖网、围网渔船；

（三）省、自治区、直辖市之间买卖渔船；

（四）因特殊需要，超过国家下达的省、自治区、直辖市船网工具指标的渔船；

（五）其他依法应由农业部审批的渔船。

农业部应当自收到省级人民政府渔业行政主管部门报送的材料之日起20日内作出是否批准船网工具指标的决定。

中央直属单位申请第一款规定的海洋捕捞渔船船网工具指标的，直接向农业部提出。农业部应当自申请受理之日起20日内作出是否批准船网工具指标的决定。

第十二条 除第十一条规定情况外，其他海洋捕捞渔船的船网工具指标，向省级人民政府渔业行政主管部门申请。省级人民政府渔业行政主管部门应当自申请受理之日起20日内作出是否批准船网工具指标的决定。

第十三条 制造、更新改造、进口海洋捕捞渔船的船网工具控制指标应在本省、自治区、直辖市范围内通过淘汰旧捕捞渔船解决，船数和功率应分别不超过淘汰渔船的船数和功率。

购置海洋捕捞渔船的船网工具控制指标，省、自治区、直辖市之间买卖渔船的，船网工具控制指标随船转移。购入方须填报《渔业船网工具指标申请书》，并同时附送卖出方省级渔业行政主管部门出具的同意转移船网工具控制指标的证明，按本办法第十一条、第十二条的规定报批。农业部根据审批同意的买卖渔船《渔业船网工具指标申请书》，核增买入省、自治区、直辖市的船网工具控制指标，核减卖出省、自治区、直辖市的船网工具控制指标，并定期通报。本省、自治区、直辖市内买卖海洋捕捞渔船的，船网工具控制指标由各省、自治区、直辖市自行调节。

国内现有捕捞渔船从事远洋作业期间，其船网工具控制指标予以保留。专业远洋渔船不计入省、自治区、直辖市的船网工具控制指标，由农业部统一管理，不得在我国管辖海域作业。

第十四条 申请人凭《渔业船网工具指标批准书》办理渔船制造、更新改造、购置或进口手续和申请渔船船名、办理船舶检验、登记、渔业捕捞许可证。《渔业船网工具指标批准书》的有效期不超过18个月。

第十五条 除国家另有规定外，有下列情况之一的指标申请，不予批准：

（一）渔船数量或功率超过船网工具控制指标；

（二）从国外或香港、澳门、台湾地区进口或以合作、合资等方式引进渔船在我国管辖水域作业；

（三）不符合产业发展政策和有关法律、法规、规章的规定。

第四章 渔业捕捞许可证管理

第十六条 在中华人民共和国管辖水域和公海从事渔业捕捞活动，应当经主管机关批准并领取渔业捕捞许可证，根据规定的作业类型、场所、时限、渔具数量和捕捞限额作业。

渔业捕捞许可证必须随船携带（徒手作业的必须随身携带），妥善保管，并接受渔业行政执法人员的检查。

第十七条 渔业捕捞许可证分为下列七类：

（一）海洋渔业捕捞许可证，适用于许可在我国管辖海域的捕捞作业。

（二）公海渔业捕捞许可证，适用于许可我国渔船在公海的捕捞作业。国际或区域渔业管理组织有特别规定的，须同时遵守有关规定。

（三）内陆渔业捕捞许可证，适用于许可在内陆水域的捕捞作业。

（四）专项（特许）渔业捕捞许可证，适用于许可在特定水域、特定时间或对特定品种的捕捞作业，包括在 B 类渔区的捕捞作业，与海洋渔业捕捞许可证或内陆渔业捕捞许可证同时使用。

（五）临时渔业捕捞许可证，适用于许可临时从事捕捞作业和非专业渔船从事捕捞作业。

（六）外国渔船捕捞许可证，适用于许可外国船舶、外国人在我国管辖水域的捕捞作业。

（七）捕捞辅助船许可证，适用于许可为渔业捕捞生产提供服务的渔业捕捞辅助船，从事捕捞辅助活动。

第十八条 县级以上渔业行政主管部门按规定的权限审批发放渔业捕捞许可证，应当明确核定许可的作业类型、场所、时限、渔具数量及规格、捕捞品种等。已实行捕捞限额管理的品种或水域要明确核定捕捞限额的数量。

作业类型分为刺网、围网、拖网、张网、钓具、耙刺、陷阱、笼壶和杂渔具（含地拉网、敷网、抄网、掩罩及其他杂渔具）共 9 种。渔业捕捞许可证核定的作业类型最多不得超过其中的二种，并应明确每种作业类型中的具体作业方式。拖网、张网不得与其他作业类型兼作，其他作业类型不得改为拖网、张网作业。

非渔业生产单位的专业旅游观光船舶除垂钓之外，不得使用其他捕捞作业方式。

捕捞辅助船不得直接从事捕捞作业，其携带的渔具应捆绑、覆盖。

海洋捕捞作业场所要明确核定渔区的类别和范围，其中 B 类渔区要明确核定渔区、渔场或保护区的具体名称。公海要明确海域的名称。内陆水域作业场所要明确具体的水域名称。

第十九条 下列作业渔船的渔业捕捞许可证，向省级人民政府渔业行政主管部门申请。省级人民政府渔业行政主管部门应当自申请受理之日起20日内完成审核，并报农业部审批：

（一）到公海作业的；

（二）到我国与有关国家缔结的协定确定的共同管理渔区、南沙海域、黄岩岛海域作业的；

（三）到特定渔业资源渔场、水产种质资源保护区作业的；

（四）因养殖或者其他特殊需要，捕捞农业部颁布的有重要经济价值的苗种或者禁捕的怀卵亲体的；

（五）因教学、科研等特殊需要，在农业部颁布的禁渔区、禁渔期从事捕捞作业的。

农业部应当自收到省级人民政府渔业行政主管部门报送的材料之日起15日内作出是否发放捕捞许可证的决定。

中央直属单位申请第一款规定的渔业捕捞许可证的，直接向农业部提出。农业部应当自申请受理之日起20日内作出是否发放捕捞许可证的决定。

第二十条 作业场所核定在B类、C类渔区的渔船，不得跨海区界限作业。作业场所核定在A类渔区或内陆水域的渔船，不得跨省、自治区、直辖市管辖水域界限作业。因传统作业习惯或资源调查及其他特殊情况，需要跨界捕捞作业的，由申请人所在地县级以上渔业行政主管部门出具证明，报作业水域所在地审批机关批准。

在相邻交界水域作业的渔业捕捞许可证，由交界水域有关的县级以上地方人民政府渔业行政主管部门协商发放，或由其共同的上级渔业行政主管部门审批发放。

第二十一条 除本规定第十九条和第二十条规定的情况外，其他作业的渔业捕捞许可证由县级以上地方人民政府渔业行政主管部门审批发放，其中海洋大型拖网、围网渔船作业的捕捞许可证，由省级人民政府渔业行政主管部门审批发放。

前款规定的捕捞许可证审批发放的具体办法，由省、自治区、直辖市人民政府制定，送农业部备案。

第二十二条 作业场所的核定权限如下：

（一）农业部：A类、B类、C类、D类渔区和内陆水域。

（二）农业部各海区渔政渔港监督管理局：本海区范围内的C类渔区，农业部授权的B类渔区。

（三）省级渔业行政主管部门：在海洋为本省、自治区、直辖市范围内的A类渔区，农业部授权的C类渔区。在内陆水域为本省、自治区、直辖市行政管辖水域。特殊情况需要地（市）级、县级渔业行政主管部门核定作业场所的，由省级渔业行政主管部门规定并授权。

第二十三条 从事钓具、灯光围网作业渔船的子船与其主船（母船）使用同一本渔业捕捞许可证。

第二十四条 申请渔业捕捞许可证，应当提供下列资料：

（一）渔业捕捞许可证申请书；

（二）企业法人营业执照或个人户籍证明复印件；

（三）渔业船舶检验证书原件和复印件；

（四）渔业船舶登记（国籍）证书原件和复印件；

（五）渔具和捕捞方法符合国家规定标准的说明资料；

申请海洋渔业捕捞许可证，除提供第一款规定的资料外，还需提供：

（一）首次申请和除作业方式变更外重新申请的，提供渔业船网工具指标批准书原件；

（二）重新申请和换发捕捞许可证的，提供原渔业捕捞许可证原件和复印件；

（三）海洋大型、中型渔船再次申请渔业捕捞许可证的，提供渔捞日志。

申请公海渔业捕捞许可证，除提供第一款规定的资料外，还需提供：

（一）农业部远洋渔业项目批准文件；

（二）除专业远洋渔船外，提供海洋渔业捕捞许可证；

（三）首次申请的，提供渔业船网工具指标批准书。

申请专项（特许）渔业捕捞许可证，除提供第一款规定的资料外，还需提供：

（一）海洋渔业捕捞许可证或内陆渔业捕捞许可证原件和复印件；

（二）承担教学、科研等项目单位申请的，提供项目计划、调查区域及上船科研人员名单；

（三）租用渔船进行科研、资源调查活动的，提供租用使用协议。

跨省或跨海区作业，依照规定应当申请临时捕捞许可证的，除提供第一款规定的资料外，还需提供申请人所在地县级以上渔业行政主管部门出具的证明原件和复印件。

第二十五条 发放海洋渔业捕捞许可证时，应当同时贴附与渔船主机总功率相等的渔船主机功率凭证。

第二十六条 海洋大型、中型渔船应填写《渔捞日志》，并在渔业捕捞许可证年审或再次申请渔业捕捞许可证时，提交渔业捕捞许可证年审或发证机关。

第二十七条 在渔业捕捞许可证有效期内发生下列情况的，须持《渔业船舶所有权证书》和《渔业船舶国籍（登记）证书》向原发证机关申请换发渔业捕捞许可证：

（一）船名变更；

（二）船籍港变更；

（三）渔船所有权共有人之间变更；

（四）渔业捕捞许可证使用期满。

第二十八条 在渔业捕捞许可证有效期内发生下列情况的，须按规定重新申请渔业捕捞许可证：

（一）渔船作业方式变更；

（二）渔船主机、主尺度、总吨位变更；

（三）因渔船买卖发生渔船所有人变更。

海洋捕捞渔船买卖，以及主机功率和主尺度变更的，须事先按本规定第十条规定重新申请船网工具指标。

发证机关批准换发和重新发放渔业捕捞许可证的，应当收回原渔业捕捞许可证，并办理渔业捕捞许可证注销手续。

第二十九条 在渔业捕捞许可证有效期内发生以下情况的，须向渔业捕捞许可证原发证机关申请补发渔业捕捞许可证：

（一）渔业捕捞许可证损毁无法使用；

（二）渔业捕捞许可证丢失。

渔业捕捞许可证丢失的，持证人须在一个月内向原发证机关报告遗失的时间、地点和原因，由发证机关在有关媒体公告原渔业捕捞许可证作废后，方可补发新证。媒体公告费由持证人承担。

第三十条 发生下列情况的，持证人应将渔业捕捞许可证交回发证机关，并办理渔业捕捞许可证注销手续：

（一）渔船报废或损毁不再继续从事许可的捕捞作业；

（二）自行终止许可的捕捞作业。

第三十一条 渔业捕捞许可证和渔船主机功率凭证不得涂改、伪造、变造、买卖、出租或以其他形式转让。

第三十二条 海洋渔业捕捞许可证和内陆渔业捕捞许可证的使用期限为5年。其他种类渔业捕捞许可证的使用期限根据实际需要确定，但最高不超过3年。

第三十三条 使用期一年以上的渔业捕捞许可证实行年度审验（以下称年审）制度，每年审验一次。

公海渔业捕捞许可证的年审期为二年。

渔业捕捞许可证的年审工作由发证机关负责，也可由发证机关委托申请人户籍或企业所在地的县级以上渔业行政主管部门负责。

第三十四条 同时符合下列条件的，为年审合格，由审验人签字，注明日期，加盖公章：

（一）具有有效的《渔业船舶检验证书》和《渔业船舶登记（国籍）证书》，持证人和渔船主尺度、主机功率、吨位未发生变更；

（二）渔船作业类型、场所、时限、渔具数量与许可内容一致；

（三）按规定填报《渔捞日志》，未超出捕捞限额指标（对实行捕捞限额管理的渔船)；

(四) 违规案件已经结案；

(五) 按规定缴纳渔业资源增殖保护费；

(六) 其他条件符合有关规定。

年审不合格的，年审机关可责令持证人限期改正后，再审验一次。再次审验合格的，其渔业捕捞许可证有效。

第三十五条 逾期未年审或年审不合格的、证书载明的渔船主机功率与实际功率不符的、应贴附而未贴附功率凭证或功率凭证贴附不足或贴附无效功率凭证的、以欺骗或其他方法非法取得的，以及涂改、伪造、变造、买卖、出租或以其他形式转让的渔业捕捞许可证，为无效渔业捕捞许可证。

涂改、伪造、变造、买卖、出租或以其他形式转让的渔船主机功率凭证为无效渔船主机功率凭证。

使用无效的渔业捕捞许可证，或未携带渔业捕捞许可证从事渔业捕捞活动的为无证捕捞。

第三十六条 渔业捕捞许可证的申请人应是渔船所有人，申请人在其申请获得批准后成为持证人。持证人对其申请从事的渔业捕捞活动负责，并承担相应的法律责任。

第五章 签发人制度

第三十七条 《渔业船网工具指标申请书》、《渔业船网工具指标批准书》、《渔业捕捞许可证申请书》和《渔业捕捞许可证》的审核、审批和签发实行签发人制度，签发人签字并加盖公章后方为有效。

签发人负责对前款文件和证书的内容进行审核，并对其真实性及合法性负责。

第三十八条 签发人实行农业部和省级渔业行政主管部门两级审批制度。县级以上地方人民政府渔业行政主管部门应推荐一至两人为签发人，并按本条第二款的规定，逐级审核上报有审批权的机关审批并公布。

农业部负责审批农业部各海区渔政渔港监督管理局和省级渔业行政主管部门的签发人。省级渔业行政主管部门负责审批本省、自治区、直辖市县级以上地方人民政府渔业行政主管部门的签发人。

第三十九条 签发人越权、违规签发，或擅自更改《渔业船网工具指标申请书》、《渔业船网工具指标批准书》、《渔业捕捞许可证申请书》、《渔业捕捞许可证》，或有其他玩忽职守、徇私舞弊等行为的，视情节对有关签发人给予警告、通报批评、暂停或取消签发人资格等处分；签发人及其所在单位应依法承担相应责任。

越权、违规签发或擅自更改的证书由其上级机关收回。

第六章 附 则

第四十条 本规定有关专门用语的定义如下：

渔业捕捞活动：捕捞或准备捕捞水生生物资源的行为，以及为这种行为提供支持和服务的各种活动。娱乐性游钓或在尚未养殖、管理的滩涂手工采集水产品的除外。

渔船：《中华人民共和国渔港水域交通安全管理条例》规定的

渔业船舶。

船长：渔业船舶登记（国籍）证书中的船舶登记长度。

捕捞渔船：从事捕捞活动的生产船。

捕捞辅助船：渔获物运销船、冷藏加工船、渔用物资和燃料补给船等为渔业捕捞生产提供服务的渔业船舶。

非专业渔船：从事捕捞活动的教学、科研、资源调查船，特殊用途渔船，专业旅游观光船等船舶。

远洋渔船：在公海或他国管辖海域作业的渔船。专业远洋渔船，指专门用于在公海或他国管辖海域作业的渔船；非专业远洋渔船，指具有国内有效的渔业捕捞许可证，转产到公海或他国管辖海域作业的渔船。

船网工具控制指标：渔船的数量及其主机功率数值、网具或其他渔具的数量的最高限额。

制造渔船：新建造，包括旧船淘汰后再建造渔船。

更新改造渔船：通过更新主机或对船体和结构进行改造改变渔船主机功率、作业方式、主尺度或总吨位。

购置渔船：从国内买入渔船。

进口渔船：从国外和港、澳、台地区买入渔船，包括以各种方式引进渔船。

第四十一条 《渔业捕捞许可证》、渔船主机功率凭证和《渔业船网工具指标批准书》由农业部规定样式并统一印制。

《渔业船网工具指标申请书》、《渔业捕捞许可证申请书》、《渔捞日志》由省级渔业行政主管部门根据规定的格式印制。《渔捞日志》中填写的品种名称，分海区由农业部各海区渔政渔港监督管理局商本海区所辖省、自治区、直辖市渔业行政主管部门统一规定。

第四十二条 省、自治区、直辖市渔业行政主管部门可根据本规定制定具体实施办法。

第四十三条 香港、澳门特别行政区持有广东省户籍的流动渔船的捕捞许可管理办法由农业部另行规定。

第四十四条 我国渔船到他国管辖水域作业，须经农业部批准。非专业远洋渔船须将海洋渔业捕捞许可证交回原发证机关暂存，回国后可继续使用。

第四十五条 本规定颁布之前的有关规定与本规定不符的，以本规定为准。

第四十六条 本规定自二〇〇二年十二月一日起施行。一九八三年原农牧渔业部发布的《海洋捕捞渔船管理暂行办法》和一九八九年农业部发布、一九九七年修订的《渔业捕捞许可证管理办法》同时废止。

第四十七条 本规定由农业部负责解释。

附 录

专项［特许］渔业捕捞许可证审批工作规范

农办渔〔2012〕157 号

为进一步明确行政审批各环节职责任务，提升工作的规范化、标准化水平，依据《中华人民共和国行政许可法》、《中华人民共和国渔业法》、《中华人民共和国渔业法实施细则》、《渔业捕捞许可管理规定》和《关于做好全面实施海洋捕捞网具最小网目尺寸制度准备工作的通知》，特制定本工作规范。

一、省级渔业行政主管部门审核

（一）审核内容

1. 申请事项是否符合国家相关法律法规和政策；

2. 渔具和捕捞方法是否符合国家规定标准；

3. 企业法人营业执照或个人户籍证明及基本信息是否真实有效，《渔业捕捞许可证申请书》内容填写是否准确齐全；

4. 申请材料是否齐全、真实、有效。

（二）办理程序

省级渔业行政主管部门对申请材料进行审核，出具审核意见。审查合格的，将审核意见和申请材料报农业部行政审批综合办公室；审查不合格的，请将申请材料退回申请人并详细说明理由。

（三）办理时限

20个工作日

二、农业部行政审批综合办公室受理

（一）审查内容

1. 申请内容是否符合渔业捕捞许可证（专项［特许］）审批范围；

2. 申请表内容填写是否完整、准确；

3. 省级渔业行政主管部门审核意见和申请材料是否齐全。

农业部行政审批综合办公室对申请材料进行受理审查，并做出是否受理决定。审查合格的，向申请人出具受理通知书，同时将申请材料和办理通知书送农业部渔业局；审查不合格的，向申请人出具不予受理通知书，并详细说明理由。

2个工作日。

三、农业部渔业局审查报签

1. 申请事项是否符合国家相关法律法规、规章和产业政策；

2. 企业或个人基本条件是否符合专项〔特许〕渔业捕捞许可证管理相关要求；

3. 申请材料是否齐全、有效；

4. 省级渔业行政主管部门签署的审核意见。

农业部渔业局渔船渔港处提出审查意见，按程序提请有关处室会签后报局领导签发。予以批准的，办理专项〔特许〕渔业捕捞许可证审批件发给所在海区渔政局；不予批准的，详细说明理由并将审批决定送农业部行政审批综合办公室。

18个工作日。

四、农业部行政审批综合办公室办结

1. 审批决定与领导签发意见复核；

2. 不予批准理由表述是否准确规范；

3. 批件内容与审批信息是否一致。

农业部行政审批综合办公室对审批决定和批件进行复核。复核通过的，及时予以办结，并将批件发所在海区渔政局，将办结通知书通过网上审批系统反馈申请人；复核未通过的，退回农业部渔业局重新办理。

五、海区渔政局制发证书

1. 专项〔特许〕渔业捕捞许可证审批件与领导签发意见复核；

2. 证书内容与审批信息是否一致。

所在海区渔政局根据农业部专项〔特许〕渔业捕捞许可证审批件制作专项〔特许〕渔业捕捞许可证，并颁发、送达证书。

10个工作日。

六、行政审批结果公开

农业部行政审批综合办公室在办结行政许可申请的同时，将审批决定、证书内容在农业部门户网站公开。

七、文件归档

农业部渔业局负责局领导签发稿、专项〔特许〕渔业捕捞许可证审批件、申请材料等归档，保存时间按照档案管理有关规定执行。农业部行政审批综合办公室负责全年办理通知书的整理汇总，并保存一年备查。

渔业捕捞许可证和功率凭证申领、使用和保管办法

国渔船〔2005〕7号

渔政渔港监督管理局关于印发《渔业捕捞许可证和功率凭证申领、使用和保管办法》的通知

为加强渔业捕捞许可证和功率凭证的管理，规范渔业捕捞许可证和功率凭证的申领、使用和保管工作，保障捕捞许可制度的顺利实施，我局根据《渔业捕捞许可管理规定》，对原《渔业捕捞许可证和功率凭证申领和保管若干规定》进行了修订完善，制定了《渔业捕捞许可证和功率凭证申领、使用和保管办法》。现印发给你们，请认真贯彻执行。

中华人民共和国渔政渔港监督管理局

2005年2月6日

第一条 为加强渔业捕捞许可证和功率凭证的管理，规范渔业捕捞许可证和功率凭证的申领、使用和保管工作，保障捕捞许可制度的顺利实施，制定本办法。

第二条 中华人民共和国渔政渔港监督管理局（以下称国家渔政局）负责全国渔业捕捞许可证和功率凭证申领、使用、保管的组织领导和监督管理工作，地方各级渔业行政主管部门负责本辖区渔业捕捞许可证和功率凭证的申领、使用和保管的组织实施工作。

农业部各海区渔政渔港监督管理局（以下称海区局）按渔业

捕捞许可证管理权限和本办法规定，负责渔业捕捞许可证和功率凭证的相关管理工作。

第三条 地方各级渔业行政主管部门、各海区局按规定向国家渔政局指定的印制企业订购渔业捕捞许可证，不得自行印制。

第四条 国家渔政局按照国家下达的船网工具控制指标向沿海各省、自治区、直辖市渔业行政主管部门核发相应数额的功率凭证。其中，按规定属农业部发放捕捞许可证的渔船所对应的功率凭证直接发放给所在海区局。

第五条 捕捞许可证和功率凭证应按国家规定使用，不得挪用、借用、出售、出租等。未使用或暂存在本单位的证书和功率凭证由各单位负责保管，责任到人。

第六条 发放海洋渔业捕捞许可证，必须按《渔业捕捞许可管理规定》第二十五条规定，同时贴附与渔船主机总功率相等的渔船主机功率凭证（主机总功率出现小数时，贴附的功率凭证按四舍五入处理），不得不贴、少贴，已贴附的功率凭证不得重复使用。

第七条 各海区局可根据本海区的实际需要量，向国家渔政局提出暂存功率凭证的书面申请，申请内容应包括拟暂存功率凭证的数量和面额、保管人、负责人等，经批准后领取。

暂存的功率凭证只能用于有关机构根据《渔业捕捞许可管理规定》换发、重新发放、补发许可证时，贴附在新核发的许可证上，不得挪作他用。

第八条 发生以下情况时，可按本办法第九条、第十条、第十一条的规定领取或兑换相同数量的功率凭证：

（一）更换未使用的功率凭证的面额的。

（二）按照《渔业捕捞许可管理规定》第二十七条、第二十八条、第二十九条规定需换发、重新申请、补发捕捞许可证时，需要在新核发的许可证上贴附功率凭证的。

（三）经批准跨省购置海洋捕捞渔船，造成指标随船转移的。

（四）其他经农业部批准需要发放、更换功率凭证的。

第九条 按规定负责受理换发、重新申请、补发海洋渔业捕捞许可证的机构，应填写《海洋捕捞渔船主机功率凭证申请表》，并提供以下材料，经省级渔业行政主管部门审核后，向所在海区局提出申请，海区局按规定审核后发给功率凭证：

（一）属于《渔业捕捞许可管理规定》第二十七条、第二十八条规定换发或重新申请许可证的，须提交已加盖注销章的原渔业捕捞许可证贴附的功率凭证。

（二）属于海损事故、保管不善或其它自然灾害等原因，造成许可证丢失、灭失（不含渔船灭失）需补发新证的，须提交所在地县级以上渔业行政主管部门出具的渔船遭受海损事故、自然灾害或因其它原因丢失、灭失许可证的书面证明，以及公开声明原许可证作废的声明复印件。

（三）属于已贴附的功率凭证损坏后无法使用，需补发新证的，须提交损坏的功率凭证。

第十条 属于经农业部批准跨省购置海洋捕捞渔船的，卖出地有关发证机构负责收回原渔业捕捞许可证，并将其中的功率凭证逐级上缴所在海区局。卖出地所在海区局负责核实、登记、归档保存，并在收到功率凭证后10日内书面通报买入地所在海区局和省级渔业行政主管部门（同一海区内跨省购置渔船的，不需通报）。买入地所在省渔业行政主管部门凭农业部发放的《渔业船网工具指标批准书》复印件和卖出地所在海区局的书面通报，向买入地所在海区局申领随船转入指标的功率凭证。

第十一条 属于兑换未使用的功率凭证面额的，兑换单位须提供原功率凭证，并按就近办理原则，向上级渔业行政主管部门或所在海区局提出申请。

第十二条 各级渔业行政主管部门、各海区局要建立健全许可证和功率凭证保管制度，指定专人负责，并按相关格式对许可证和功率凭证的库存、发放、回收等情况进行登记。海区局要同时制定暂存功率凭证发放明细表，每年向国家渔政局报告一次。国家渔政局可不定期对功率凭证的保管和发放情况进行检查。

第十三条 各海区局每年一次凭暂存功率凭证发放明细表和回收的废旧功率凭证等材料向国家渔政局进行暂存功率凭证的结算。

第十四条 回收的废旧许可证由原发证机关负责造册登记，不得重复使用。回收的废旧功率凭证由海区局在向国家渔政局结算时统一集中上缴，由国家渔政局统一销毁。有关的批准文件、书面通报、证明材料及声明复印件、销毁记录等材料，由许可证发证机关归档保存五年后方可销毁。

第十五条 对挪用、借用、出售、出租许可证和功率凭证，或保管不善，造成许可证和功率凭证遗失，或不按规定使用和保管功率凭证的，或以欺骗手段获取许可证和功率凭证，以及其他违反本规定的行为，依法追究有关单位和人员的责任，并通报批评。

第十六条 各省、自治区、直辖市渔业行政主管部门、各海区局可按本规定要求，结合实际情况制定本地区许可证和功率凭证申领和保管的具体规定，报送国家渔政局备案。

第十七条 本办法自颁布之日起实施，原国家渔政局关于印发《渔业捕捞许可证和功率凭证申领和保管若干规定》的通知（国渔政〔2000〕3号）同时废止。

浙江省渔业捕捞许可办法

（2009年2月18日浙江省人民政府令第257号公布；根据2015年12月28日浙江省人民政府令第341号公布的《浙江省人民政府关于修改〈浙江省烟草专卖管理办法〉等23件规章的决定》修正）

第一章　总　则

第一条　为了保护和合理利用渔业资源，规范渔业捕捞行为，维护渔业生产秩序，保障渔业生产者的合法权益，根据《中华人民共和国渔业法》《浙江省渔业管理条例》等有关法律、法规，结合本省实际，制定本办法。

第二条　在本省行政区域、管辖海域和国家授权由本省实施渔业管理的水域（以下统称本省行政区域）内从事渔业捕捞活动，应当遵守本办法。

第三条　本省对渔业捕捞业实行船网工具控制指标管理和渔业捕捞许可证制度。

渔业捕捞许可应当遵循公平公正、公开透明、便民高效的原则。

第四条　县级以上人民政府应当加强对渔业捕捞许可工作的领导，督促渔业行政主管部门依法实施渔业捕捞许可，促进渔业资源的可持续利用。

县级以上人民政府渔业行政主管部门负责本行政区域内的渔业捕捞许可工作。

公安、交通运输、海事等有关部门按照各自职责，做好渔业捕捞许可的相关管理工作。

第五条 县级以上人民政府渔业行政主管部门应当加强对渔业捕捞许可的监督管理，建立健全渔业捕捞许可内部管理制度和责任追究制度，明确岗位责任，加强监督检查，积极推行渔业捕捞许可网上办理等便民措施，提高办事效率和服务质量。

第二章 船网工具控制指标

第六条 省渔业行政主管部门根据国家下达的海洋捕捞业船网工具指标数量，结合本省实际，确定本省海洋捕捞业船网工具指标总量，报省人民政府批准后执行。

县级以上人民政府渔业行政主管部门批准发放海洋作业的捕捞许可证，不得超过上级下达的船网工具控制指标；对已经转产转业的海洋捕捞渔船，应当及时核减相应的船网工具控制指标，并逐级上报至省渔业行政主管部门。

第七条 除本条规定外，海洋捕捞渔船船网工具控制指标的申请、受理和转移手续等，按照国务院渔业行政主管部门有关规定执行：

（一）县（市、区）内买卖海洋捕捞渔船的，由县级人民政府渔业行政主管部门核查相关材料后，即时出具船网工具控制指标转移证明；

（二）设区的市内跨县（市、区）买卖海洋捕捞渔船的，由卖出方所在地县级人民政府渔业行政主管部门出具船网工具控制指标转出证明，买入方所在地县级人民政府渔业行政主管部门核查相关材料后，即时出具船网工具控制指标转移证明；

（三）省内跨设区的市买卖海洋捕捞渔船的，由卖出方所在地设区的市人民政府渔业行政主管部门出具船网工具控制指标转出证明，买入方所在地设区的市人民政府渔业行政主管部门核查相关材料后，即时出具船网工具控制指标转移证明；

（四）跨省买卖海洋捕捞渔船的，申请人向县级人民政府渔业行政主管部门提出申请，经县（市、区）、设区的市人民政府渔业行政主管部门逐级审查，省渔业行政主管部门审核后，报国务院渔业行政主管部门审批。

省内购买海洋捕捞渔船的，凭船网工具控制指标转移证明，办理有关船舶检验、登记手续。跨省购买海洋捕捞渔船的，有关船舶检验、登记手续按照国务院渔业行政主管部门的有关规定办理。

第八条 县级以上人民政府渔业行政主管部门出具船网工具控制指标转移证明时，应当核查下列材料：

（一）买卖双方签订的转让协议；

（二）买卖双方企业法人营业执照或者个人身份证明；

（三）卖出方的渔业船舶检验证书和登记（国籍）证书；

（四）卖出方的渔业捕捞许可证。

第九条 制造海洋捕捞渔船的船网工具控制指标应当通过淘汰旧海洋捕捞渔船（不含转产转业海洋捕捞渔船）获得。制造海洋捕捞渔船的数量和功率不得超过被淘汰海洋捕捞渔船的数量和功率。

第十条 内陆水域捕捞渔船数量和捕捞工具的控制办法由设区的市人民政府规定。跨省内陆水域捕捞渔船数量和捕捞工具的控制由省人民政府与有关省人民政府协商确定。

第三章 渔业捕捞许可证

第十一条 从事渔业捕捞活动，应当经县级以上人民政府渔业行政主管部门批准并领取渔业捕捞许可证后，按照许可证核定的作业类型、作业场所、作业时限、渔具数量和捕捞限额作业。

任何单位和个人不得违反渔业捕捞许可证核定的作业类型、作业场所、作业时限、渔具数量和捕捞限额从事渔业捕捞活动。

渔业捕捞许可证不得买卖、出租和以其他方式转让，不得涂改、仿造、变造。

第十二条 渔业捕捞作业类型、作业场所、作业时限、渔具数量和捕捞限额的核定应当体现保护和合理利用渔业资源，维护专业捕捞渔民的合法权利，有利于作业结构调整的原则。

内陆渔业捕捞作业类型、作业场所、作业时限、渔具数量和捕捞限额的具体核定办法由设区的市人民政府渔业行政主管部门规定。

第十三条 渔业捕捞许可证包括：海洋渔业捕捞许可证，内陆渔业捕捞许可证，公海渔业捕捞许可证，专项（特许）渔业捕捞许可证，临时渔业捕捞许可证，外国渔船捕捞许可证，捕捞辅助船许可证。

第十四条 捕捞渔船的渔业捕捞许可证实行一证一船，非渔船捕捞的渔业捕捞许可证实行一证一人。

渔业捕捞作业时，渔业捕捞许可证应当随船（身）携带，并接受渔业行政主管部门的监督检查。

第十五条 省渔业行政主管部门可以规定专项（特许）渔业捕捞许可证所适用的特定水域、特定时间和特定渔业品种。

第十六条 省内购置的海洋捕捞渔船申请海洋渔业捕捞许可证时，应当提供下列资料：

（一）企业法人营业执照或者个人身份证明；

（二）船网工具控制指标转移证明；

（三）渔业船舶检验证书；

（四）渔业船舶登记（国籍）证书；

（五）原海洋渔业捕捞许可证；

（六）国务院渔业行政主管部门规定的其他材料。

除前款以外的其他捕捞渔船申请渔业捕捞许可证应当提供的相关资料，按照国务院渔业行政主管部门的有关规定执行。

第十七条 海洋渔业捕捞许可证，除依法由国务院渔业行政主管部门批准的外，由省、设区的市和县级人民政府渔业行政主管部门按照本办法规定的《海洋渔业捕捞许可证核发权限》（附件一）核发。《海洋渔业捕捞许可证核发权限》需要调整的，由省渔业行政主管部门提出调整方案，报省人民政府批准后执行。

内陆渔业捕捞许可证由捕捞作业水域所在地的县级人民政府渔业行政主管部门核发。捕捞作业水域跨县域的，由设区的市人民政府渔业行政主管部门核发或者由其确定的相关县（市、区）人民政府渔业行政主管部门核发。

内陆专项（特许）渔业捕捞许可证由省渔业行政主管部门核发。

第十八条 特定渔区专项（特许）渔业捕捞许可证的核发，应当按照公开、公平、公正的原则，通过随机产生等方式进行。

第十九条 县级以上人民政府渔业行政主管部门在核发海洋渔业捕捞许可证时，应当按照本办法规定的《海洋捕捞渔船作业类型、场所和时限》（附件二），核定海洋渔业捕捞的作业类型、作业场所和作业时限。渔具数量的核定按照国务院渔业行政主管部门的有关规定执行。

内陆渔业捕捞的作业类型、作业场所、作业时限、渔具数量由发证机关核定；捕捞作业水域跨县级以上行政区域的，由有关县级以上人民政府渔业行政主管部门协商确定。

第二十条 渔船的持证人、作业方式、作业场所发生变化的，应当及时到发证机关办理变更手续。

渔船所有权发生变更的，应当重新办理渔业捕捞许可证。渔业捕捞许可证有效期届满的，应当在届满前三个月申请续期。

第二十一条 渔业捕捞许可证遗失、损坏的，持证人应当申请补发渔业捕捞许可证。渔业捕捞许可证遗失的，持证人须在一个月内向原发证机关报告遗失的时间、地点和原因，由发证机关在有关媒体公告原渔业捕捞许可证作废后，方可补发新证。

第二十二条 除本办法规定的外，渔业捕捞许可证的核发条件、权限和程序按照国务院渔业行政主管部门的有关规定执行。

第四章　法律责任

第二十三条 有下列行为之一的，由县级以上人民政府渔业行政主管部门按照《中华人民共和国渔业法》第四十一条、第四十二条、第四十三条的规定给予处罚：

（一）未取得渔业捕捞许可证从事捕捞活动的；

（二）违反渔业捕捞许可证核定的作业类型、作业场所、作业时限和渔具数量的规定从事捕捞活动的；

（三）买卖、出租和以其他方式转让渔业捕捞许可证，以及涂改、仿造、变造渔业捕捞许可证的。

第二十四条 县级以上人民政府渔业行政主管部门及其工作人员有下列行为之一的，对直接负责的主管人员和其他直接责任人员，由有权机关按照管理权限依法给予行政处分：

（一）未按照本办法规定出具船网工具控制指标转移证明的；

（二）超出船网工具控制指标核发渔业捕捞许可证的；

（三）违反本办法规定的条件、权限、程序、期限核发渔业捕捞许可证的；

（四）有其他滥用职权、徇私舞弊、玩忽职守行为的。

第五章 附 则

第二十五条 下列用语的含义：

（一）海洋渔业捕捞许可证，是指允许在我国管辖海域从事捕捞活动的许可文件。

（二）公海渔业捕捞许可证，是指允许我国渔船在公海从事捕捞活动的许可文件。

（三）内陆渔业捕捞许可证，是指允许在内陆水域从事捕捞活动的许可文件。

（四）专项（特许）渔业捕捞许可证，是指允许在特定水域、特定时间或者对特定渔业品种从事捕捞活动的许可文件，包括允许在B类渔区从事捕捞活动。专项（特许）渔业捕捞许可证应当与海洋渔业捕捞许可证或者内陆渔业捕捞许可证同时使用。

（五）临时渔业捕捞许可证，是指允许在渔业捕捞许可证核定的作业场所以外区域临时从事捕捞活动，以及非专业渔船从事捕捞活动的许可文件，不包括2004年根据国务院渔业行政主管部门的规定统一核发的临时渔业捕捞许可证。

（六）外国渔船捕捞许可证，是指允许外国船舶、外国人在我国管辖水域从事捕捞活动的许可文件。

（七）捕捞辅助船许可证，是指允许为渔业捕捞生产提供服务的渔业捕捞辅助船，从事捕捞辅助活动的许可文件。

第二十六条 海洋渔业捕捞作业场所分为 A、B、C、D 四类，具体划分标准按照国务院渔业行政主管部门的有关规定执行。本省 C 类渔区即为农业部授权的 C2 类。

第二十七条 本办法自 2009 年 4 月 1 日起施行。

附件一：

海洋渔业捕捞许可证核发权限（略）

附件二：

海洋捕捞渔船作业类型、场所和时限（略）

广东省渔业捕捞许可证管理办法

粤府函〔1992〕366号

第一条 为保护和合理开发利用渔业资源，维护渔业生产者的合法权益和渔业生产秩序，根据《中华人民共和国渔业法》、《中华人民共和国渔业法实施细则》及农业部发布的《渔业捕捞许可证管理办法》，结合我省实际情况，制定本办法。

第二条 凡在我省管辖水域和国家授权我省实施渔业管理的水域从事捕捞生产的单位或个人，必须遵守本办法。

第三条 各级渔政监督管理部门（以下简称主管部门）负责对本办法的组织实施。

第四条 凡从事渔业捕捞生产的单位或个人，必须按本办法的规定向县级以上主管部门提出申请，经审核批准取得渔业捕捞许可证后，方可进行生产。

渔业生产者取得渔业捕捞许可证后，依法享有利用国有渔业资源的权利，同时负有向主管部门报告作业的船位、海况、渔情等有关情况的义务。

第五条 渔业捕捞许可证是国家批准从事捕捞生产的证书，由县级以上主管部门根据不同作业水域、作业类型、捕捞品种、渔船主机功率和生产经营形式，按统一领导，分级管理的原则审批发放。

渔业捕捞许可证分为捕捞许可证（包括外海、近海、沿岸和内陆水域捕捞许可证）、专项（特许）捕捞许可证、临时捕捞许可证三种，并以渔船或核定的作业单位发放：

（一）捕捞许可证是允许外海、近海、沿岸及内陆水域捕捞渔船在核定的作业类型和作业范围内从事捕捞生产的基本证件；

（二）专项（特许）捕捞许可证是允许捕捞渔船和科学调查研究船在特定的渔场、渔汛、跨界作业或从事捕捞具有重要经济价值的水生动植物及苗种生产的证件；

（三）临时捕捞许可证是允许未经批准增加而应压缩淘汰的捕捞渔船，在其过渡阶段从事捕捞生产的证件。

第六条 本省外海渔场、近海渔场与沿岸渔场的划分是：

（一）东经 112 度以东之 80 米等深线及以西之 100 米等深线外侧为外海渔场；

（二）南海区机动渔船底拖网禁渔区线外侧至东经 112 度以东之 80 米等深线及以西之 100 米等深线以内为近海渔场；

（三）本省沿海最低落潮线外侧至南海区机动渔船底拖网禁渔区线以内为沿岸渔场。

申领外海捕捞许可证的渔船，主机功率应在 441. 3 千瓦（600 马力）以上；申领近海捕捞许可证的拖网作业渔船，主机功率应在 183. 9 千瓦（250 马力）以上；对申领沿岸捕捞许可证的渔船必须严格控制，严禁拖网作业。

第七条 渔业捕捞许可证实行分级审批发放。

（一）下列渔船的渔业捕捞许可证由省级主管部门审批发放；

1. 机动底拖网渔船（包括拖虾、拖蟹船，下同）；

2. 主机功率在 183. 9 千瓦（250 马力）以上的围网作业渔船；

3. 掺缯作业渔船；

4. 粤港澳双重户籍的流动渔船；

5. 需领取专项（特许）捕捞许可证的渔船。

（二）下列渔船和作业的渔业捕捞许可证由市级主管部门审批发放：

1. 非机动底拖网渔船；

2. 主机功率少于183.9千瓦（250马力）的围网作业渔船；

3. 定置作业渔船；

4. 采捕鲍鱼、龙虾、江瑶、海胆等名贵水产品种的潜捕作业；

5. 需领取临时捕捞许可证的渔船。

（三）下列渔船和作业的渔业捕捞许可证由县级主管部门审批发放：

1. 刺网渔船；

2. 钓业渔船；

3. 抛网渔船；

4. 采捕小贝类作业；

5. 放笼等散杂作业。

各级主管部门审批发放渔业捕捞许可证，不得超过上一级人民政府下达的船网工具控制指标。

上级主管部门可根据需要委托下级主管部门发放渔业捕捞许可证。

中外合资、中外合作、从事外海捕捞作业的渔船，全民所有制企业的渔船以及主机功率在441.3千瓦（600马力）以上的机动渔船，由省级主管部门统一审核上报国家主管部门批准发放渔业捕捞许可证。但粤港澳流动渔船除外。

第八条 省级主管部门可根据渔业资源状况，在特定时间和水域发布临时禁渔或开捕通告。

第九条 有下列情形之一的，不得发放渔业捕捞许可证：

（一）使用炸鱼、毒鱼、电鱼、滩边罟、闸箔、地拉网、敲舶等明令禁止使用的渔具或捕捞方法的；

（二）未按规定领取渔业船舶证书、航行签证簿、职务船员证书的；

（三）不接受调整计划改变作业方式或继续使用淘汰渔船进行捕捞生产的；

（四）擅自改变渔船作业类别、船牌号码的；

（五）多次违规作业，损害渔业资源情节严重的；

（六）抗拒渔政检查，不服渔政管理，情节严重的；

（七）违反国家关于涉外安全管理规定，造成严重后果的；

（八）其它严重破坏渔业资源的作业和行为。

第十条 外海、近海、沿岸、内陆水域捕捞许可证的有效期为5年，每年进行一次年审，年审期为每年的1月1日至3月31日。

专项（特许）捕捞许可证按审批时限使用，但有效期不得超过1年。

临时捕捞许可证有效期限1年，需延期的由省级主管部门审批，但连续延期不得超过3年。

第十一条 持有外海、近海、沿岸、内陆水域捕捞许可证的渔船应按核定的作业范围和渔场从事捕捞生产。但江河水系互不相通的内陆水域捕捞渔船不得跨市生产。

持有临时捕捞许可证的渔船不得跨市生产，如确需跨市生产，应向户籍所在地的市级主管部门提出申请，并经渔场所在地的市级主管部门审核批准后方可进行。但广州、中山、珠海、东莞、深圳等市渔船在珠江口渔场作业的除外。

定置作业、采捕小贝类作业和潜捕作业，不得跨县生产。确需跨县生产的，应向户籍所在地的县级主管部门提出申请，并取得渔场所在地的县级主管部门同意，经渔场所在地的市级主管部门批准后方可进行。

具有粤港澳双重户籍的流动渔船的作业渔场，仍按广东省人民政府粤府〔1987〕129 号《关于翻港澳流动渔民工作的若干暂行规定》第八条的规定，东起惠东县大星簪、西至珠海市荷包岛凤尾嘴；禁渔区线外作业的不受东西两翼范围的限制。

第十二条 外省、自治区、直辖市的渔船需进入本省管辖水域从事捕捞生产的，凭所在地省级主管部门证明，经我省主管部门批准领取专项（特许）捕捞许可证后方可进行。属跨海区管理线的捕捞作业，按国家有关规定办理。

第十三条 捕捞许可证核定作业类型最多不得超过 3 种，拖网、掺缯与定置作业不得相互兼作。

捕捞许可证核定的近海、沿岸非拖网、掺缯与定置作业不得改为拖网、掺缯与定置作业。

第十四条 凡新造、更新、购买或引进（进口）捕捞渔船的单位或个人，必须按本办法第七条的审批权限向主管部门提出申请，经批准纳入建造、更新、购买或引进（进口）计划后，在渔船即将完工或交船之前，应分别填报《广东省海洋捕捞渔船审批表》或《海洋捕捞渔船审批表》，经主管部门审核批准后，方可办理渔业捕捞许可证。

第十五条 渔业经营者变更，原发的捕捞许可证作废，按本办法第七条规定重新申领捕捞许可证。临时捕捞许可证不办理变更事项。

第十六条 遗失渔业捕捞许可证的，须向原发证部门报告遗失的时间、地点和原因，由有关机关出具证明，经确认后方可补发新证。

渔业捕捞许可证毁坏或遗失，必须在1个月内报失，过期不报的缓发新证3个月。

第十七条 渔船停航3个月以上的应凭捕捞许可证向所在地的县级主管部门办理报停手续。否则视为仍在捕捞生产。

第十八条 未按照本办法领取捕捞许可证擅自进行捕捞的，按照《中华人民共和国渔业法》第四十一条规定处罚。

第十九条 渔业捕捞许可证不得擅自涂改，不得以任何形式买卖、转让或出租。

渔船报废或不再从事捕捞的，应及时到原发证部门办理许可证注销手续。

第二十条 各级主管部门及其工作人员违反本办法越权发放、擅自更改渔业捕捞许可证的一律无效，并由其所在单位或上级主管部门追究相应的责任。

第二十一条 本办法自1992年10月1日起施行。1984年由省人民政府办公厅发布的《广东省渔业许可证发放办法》同时废止。

>>>>>>>>>>>>>>>>>>>>>>>>>>>>>>>>>

渔业生产法律法规学习读本

渔业养殖法律法规

■曾　朝　主编

加大全民普法力度，建设社会主义法治文化，树立宪法法律至上、法律面前人人平等的法治理念。

——中国共产党第十九次全国代表大会《决胜全面建成小康社会　夺取新时代中国特色社会主义伟大胜利》

汕頭大學出版社

图书在版编目（CIP）数据

渔业养殖法律法规 / 曾朝主编 . -- 汕头 ：汕头大学出版社（2021 . 7 重印）

（渔业生产法律法规学习读本）

ISBN 978-7-5658-3528-5

Ⅰ. ①渔… Ⅱ. ①曾… Ⅲ. ①鱼类养殖-渔业法-中国-学习参考资料 Ⅳ. ①D922. 654

中国版本图书馆 CIP 数据核字（2018）第 037645 号

渔业养殖法律法规　　YUYE YANGZHI FALÜ FAGUI

主　　编：曾　朝

责任编辑：邹　峰

责任技编：黄东生

封面设计：大华文苑

出版发行：汕头大学出版社

广东省汕头市大学路 243 号汕头大学校园内　邮政编码：515063

电　　话：0754-82904613

印　　刷：三河市南阳印刷有限公司

开　　本：690mm×960mm 1/16

印　　张：18

字　　数：226 千字

版　　次：2018 年 5 月第 1 版

印　　次：2021 年 7 月第 2 次印刷

定　　价：59. 60 元（全 2 册）

ISBN 978-7-5658-3528-5

前 言

习近平总书记指出：“推进全民守法，必须着力增强全民法治观念。要坚持把全民普法和守法作为依法治国的长期基础性工作，采取有力措施加强法制宣传教育。要坚持法治教育从娃娃抓起，把法治教育纳入国民教育体系和精神文明创建内容，由易到难、循序渐进不断增强青少年的规则意识。要健全公民和组织守法信用记录，完善守法诚信褒奖机制和违法失信行为惩戒机制，形成守法光荣、违法可耻的社会氛围，使遵法守法成为全体人民共同追求和自觉行动。”

中共中央、国务院曾经转发了中央宣传部、司法部关于在公民中开展法治宣传教育的规划，并发出通知，要求各地区各部门结合实际认真贯彻执行。通知指出，全民普法和守法是依法治国的长期基础性工作。深入开展法治宣传教育，是全面建成小康社会和新农村的重要保障。

普法规划指出：各地区各部门要根据实际需要，从不同群体的特点出发，因地制宜开展有特色的法治宣传教育坚持集中法治宣传教育与经常性法治宣传教育相结合，深化法律进机关、进乡村、进社区、进学校、进企业、进单位的“法律六进”主题活动，完善工作标准，建立长效机制。

特别是农业、农村和农民问题，始终是关系党和人民事业发展的全局性和根本性问题。党中央、国务院发布的《关于推进社会主义新农村建设的若干意见》中明确提出要“加强农村法制建设，深入开展农村普法教育，增强农民的法制观念，提高农民依法行使权利和履行义务的自觉性。”多年普法实践证明，普及法律知识，提高法制观念，增强全社会依法办事意识具有重要作用。特别是在广大农村进行普法教育，是提高全民法律素质的需要。

多年来，我国在农村实行的改革开放取得了极大成功，农村发生了翻天覆地的变化，广大农民生活水平大大得到了提高。但是，由于历史和社会等原因，现阶段我国一些地区农民文化素质还不高，不学法、不懂法、不守法现象虽然较原来有所改变，但仍有相当一部分群众的法制观念仍很淡化，不懂、不愿借助法律来保护自身权益，这就极易受到不法的侵害，或极易进行违法犯罪活动，严重阻碍了全面建成小康社会和新农村步伐。

为此，根据党和政府的指示精神以及普法规划，特别是根据广大农村农民的现状，在有关部门和专家的指导下，特别编辑了这套《全国普法学习读本》。主要包括了广大人民群众应知应懂、实际实用的法律法规。为了辅导学习，附录还收入了相应法律法规的条例准则、实施细则、解读解答、案例分析等；同时为了突出法律法规的实际实用特点，兼顾地方性和特殊性，附录还收入了部分某些地方性法律法规以及非法律法规的政策文件、管理制度、应用表格等内容，拓展了本书的知识范围，使法律法规更“接地气”，便于读者学习掌握和实际应用。

在众多法律法规中，我们通过甄别，淘汰了废止的，精选了最新的、权威的和全面的。但有部分法律法规有些条款不适应当下情况了，却没有颁布新的，我们又不能擅自改动，只得保留原有条款，但附录却有相应的补充修改意见或通知等。众多法律法规根据不同内容和受众特点，经过归类组合，优化配套。整套普法读本非常全面系统，具有很强的学习性、实用性和指导性，非常适合用于广大农村和城乡普法学习教育与实践指导。总之，是全国全民普法的良好读本。

目　录

中华人民共和国渔业法

远洋渔业管理规定

中华人民共和国渔业船员管理办法

中华人民共和国渔业船舶检验条例

中华人民共和国渔业法

中华人民共和国主席令

第二十五号

《全国人民代表大会常务委员会关于修改〈中华人民共和国渔业法〉的决定》已由中华人民共和国第十届全国人民代表大会常务委员会第十一次会议于2004年8月28日通过，现予公布，自公布之日起施行。

中华人民共和国主席　胡锦涛

2004年8月28日

（1986年1月20日第六届全国人民代表大会常务委员会第十四次会议通过；根据2000年10月31

日第九届全国人民代表大会常务委员会第十八次会议《关于修改〈中华人民共和国渔业法〉的决定》修正；根据2004年8月28日中华人民共和国主席令第25号发布的《关于修改〈中华人民共和国渔业法〉的决定》第二次修正)

第一章　总　则

第一条　为了加强渔业资源的保护、增殖、开发和合理利用，发展人工养殖，保障渔业生产者的合法权益，促进渔业生产的发展，适应社会主义建设和人民生活的需要，特制定本法。

第二条　在中华人民共和国的内水、滩涂、领海、专属经济区以及中华人民共和国管辖的一切其他海域从事养殖和捕捞水生动物、水生植物等渔业生产活动，都必须遵守本法。

第三条　国家对渔业生产实行以养殖为主，养殖、捕捞、加工并举，因地制宜，各有侧重的方针。

各级人民政府应当把渔业生产纳入国民经济发展计划，采取措施，加强水域的统一规划和综合利用。

第四条　国家鼓励渔业科学技术研究，推广先进技术，提高渔业科学技术水平。

第五条　在增殖和保护渔业资源、发展渔业生产、进行渔业科学技术研究等方面成绩显著的单位和个人，由各级人民政府给予精神的或者物质的奖励。

第六条 国务院渔业行政主管部门主管全国的渔业工作。县级以上地方人民政府渔业行政主管部门主管本行政区域内的渔业工作。县级以上人民政府渔业行政主管部门可以在重要渔业水域、渔港设渔政监督管理机构。

县级以上人民政府渔业行政主管部门及其所属的渔政监督管理机构可以设渔政检查人员。渔政检查人员执行渔业行政主管部门及其所属的渔政监督管理机构交付的任务。

第七条 国家对渔业的监督管理，实行统一领导、分级管理。

海洋渔业，除国务院划定由国务院渔业行政主管部门及其所属的渔政监督管理机构监督管理的海域和特定渔业资源渔场外，由毗邻海域的省、自治区、直辖市人民政府渔业行政主管部门监督管理。

江河、湖泊等水域的渔业，按照行政区划由有关县级以上人民政府渔业行政主管部门监督管理；跨行政区域的，由有关县级以上地方人民政府协商制定管理办法，或者由上一级人民政府渔业行政主管部门及其所属的渔政监督管理机构监督管理。

第八条 外国人、外国渔业船舶进入中华人民共和国管辖水域，从事渔业生产或者渔业资源调查活动，必须经国务院有关主管部门批准，并遵守本法和中华人民共和国其他有关法律、法规的规定；同中华人民共和国订有条约、协定的，按照条约、协定办理。

国家渔政渔港监督管理机构对外行使渔政渔港监督管理权。

第九条 渔业行政主管部门和其所属的渔政监督管理机构及其工作人员不得参与和从事渔业生产经营活动。

第二章 养殖业

第十条 国家鼓励全民所有制单位、集体所有制单位和个人充分利用适于养殖的水域、滩涂，发展养殖业。

第十一条 国家对水域利用进行统一规划，确定可以用于养殖业的水域和滩涂。单位和个人使用国家规划确定用于养殖业的全民所有的水域、滩涂的，使用者应当向县级以上地方人民政府渔业行政主管部门提出申请，由本级人民政府核发养殖证，许可其使用该水域、滩涂从事养殖生产。核发养殖证的具体办法由国务院规定。

集体所有的或者全民所有由农业集体经济组织使用的水域、滩涂，可以由个人或者集体承包，从事养殖生产。

第十二条 县级以上地方人民政府在核发养殖证时，应当优先安排当地的渔业生产者。

第十三条 当事人因使用国家规划确定用于养殖业的水域、滩涂从事养殖生产发生争议的，按照有关法律规定的程序处理。在争议解决以前，任何一方不得破坏养殖生产。

第十四条 国家建设征用集体所有的水域、滩涂，按照《中华人民共和国土地管理法》有关征地的规定办理。

第十五条 县级以上地方人民政府应当采取措施，加强对商品鱼生产基地和城市郊区重要养殖水域的保护。

第十六条 国家鼓励和支持水产优良品种的选育、培育和推广。水产新品种必须经全国水产原种和良种审定委员会审定，由国务院渔业行政主管部门批准后方可推广。

水产苗种的进口、出口由国务院渔业行政主管部门或者省、自治区、直辖市人民政府渔业行政主管部门审批。

水产苗种的生产由县级以上地方人民政府渔业行政主管部门审批。但是，渔业生产者自育、自用水产苗种的除外。

第十七条 水产苗种的进口、出口必须实施检疫，防止病害传入境内和传出境外，具体检疫工作按照有关动植物进出境检疫法律、行政法规的规定执行。

引进转基因水产苗种必须进行安全性评价，具体管理工作按照国务院有关规定执行。

第十八条 县级以上人民政府渔业行政主管部门应当加强对养殖生产的技术指导和病害防治工作。

第十九条 从事养殖生产不得使用含有毒有害物质的饵料、饲料。

第二十条 从事养殖生产应当保护水域生态环境，科学确定养殖密度，合理投饵、施肥、使用药物，不得造成水域的环境污染。

第三章　捕捞业

第二十一条　国家在财政、信贷和税收等方面采取措施，鼓励、扶持远洋捕捞业的发展，并根据渔业资源的可捕捞量，安排内水和近海捕捞力量。

第二十二条　国家根据捕捞量低于渔业资源增长量的原则，确定渔业资源的总可捕捞量，实行捕捞限额制度。国务院渔业行政主管部门负责组织渔业资源的调查和评估，为实行捕捞限额制度提供科学依据。中华人民共和国内海、领海、专属经济区和其他管辖海域的捕捞限额总量由国务院渔业行政主管部门确定，报国务院批准后逐级分解下达；国家确定的重要江河、湖泊的捕捞限额总量由有关省、自治区、直辖市人民政府确定或者协商确定，逐级分解下达。捕捞限额总量的分配应当体现公平、公正的原则，分配办法和分配结果必须向社会公开，并接受监督。

国务院渔业行政主管部门和省、自治区、直辖市人民政府渔业行政主管部门应当加强对捕捞限额制度实施情况的监督检查，对超过上级下达的捕捞限额指标的，应当在其次年捕捞限额指标中予以核减。

第二十三条　国家对捕捞业实行捕捞许可证制度。

海洋大型拖网、围网作业以及到中华人民共和国与有关国家缔结的协定确定的共同管理的渔区或者公海从事捕捞作业的捕捞许可证，由国务院渔业行政主管部门批准发放。其他作业的捕捞许可证，由县级以上地方人民政府渔业行政主管部门批准发放；但是，批准发放海洋作业的捕捞许可证不得超过国家下达的船网工具控制指标，具体办法由省、自治区、直辖市人民政府规定。

捕捞许可证不得买卖、出租和以其他形式转让，不得涂改、伪造、变造。

到他国管辖海域从事捕捞作业的，应当经国务院渔业行政主管部门批准，并遵守中华人民共和国缔结的或者参加的有关条约、协定和有关国家的法律。

第二十四条 具备下列条件的，方可发给捕捞许可证：

（一）有渔业船舶检验证书；

（二）有渔业船舶登记证书；

（三）符合国务院渔业行政主管部门规定的其他条件。

县级以上地方人民政府渔业行政主管部门批准发放的捕捞许可证，应当与上级人民政府渔业行政主管部门下达的捕捞限额指标相适应。

第二十五条 从事捕捞作业的单位和个人，必须按照捕捞许可证关于作业类型、场所、时限、渔具数量和捕捞限额的规定进行作业，并遵守国家有关保护渔业资源的规定，大中型渔船应当填写渔捞日志。

第二十六条 制造、更新改造、购置、进口的从事捕捞作业的船舶必须经渔业船舶检验部门检验合格后，方可下水作业。具体管理办法由国务院规定。

第二十七条 渔港建设应当遵守国家的统一规划，实行谁投资谁受益的原则。县级以上地方人民政府应当对位于本行政区域内的渔港加强监督管理，维护渔港的正常秩序。

第四章 渔业资源的增殖和保护

第二十八条 县级以上人民政府渔业行政主管部门应当对其管理的渔业水域统一规划，采取措施，增殖渔业资源。县级以上人民政府渔业行政主管部门可以向受益的单位和个人征收渔业资源增殖保护费，专门用于增殖和保护渔业资源。渔业资源增殖保护费的征收办法由国务院渔业行政主管部门会同财政部门制定，报国务院批准后施行。

第二十九条 国家保护水产种质资源及其生存环境，并在具有较高经济价值和遗传育种价值的水产种质资源的主要生长繁育区域建立水产种质资源保护区。未经国务院渔业行政主管部门批准，任何单位或者个人不得在水产种质资源保护区内从事捕捞活动。

第三十条 禁止使用炸鱼、毒鱼、电鱼等破坏渔业资源的方法进行捕捞。禁止制造、销售、使用禁用的渔具。禁止在禁渔区、禁渔期进行捕捞。禁止使用小于最小网目尺寸的网具进行捕捞。捕捞的渔获物中幼鱼不得超过规定的比例。在禁渔区或者禁渔期内禁止销售非法捕捞的渔获物。

重点保护的渔业资源品种及其可捕捞标准，禁渔区和禁渔期，禁止使用或者限制使用的渔具和捕捞方法，最小网目尺寸以及其他保护渔业资源的措施，由国务院渔业行政主管部门或者省、自治区、直辖市人民政府渔业行政主管部门规定。

第三十一条 禁止捕捞有重要经济价值的水生动物苗种。因养殖或者其他特殊需要，捕捞有重要经济价值的苗种或者禁捕的怀卵亲体的，必须经国务院渔业行政主管部门或者省、自治区、直辖市人民政府渔业行政主管部门批准，在指定的区域和时间内，按照限额捕捞。

在水生动物苗种重点产区引水用水时，应当采取措施，保护苗种。

第三十二条 在鱼、虾、蟹洄游通道建闸、筑坝，对渔业资源有严重影响的，建设单位应当建造过鱼设施或者采取其他补救措施。

第三十三条 用于渔业并兼有调蓄、灌溉等功能的水体，有关主管部门应当确定渔业生产所需的最低水位线。

第三十四条 禁止围湖造田。沿海滩涂未经县级以上人民政府批准，不得围垦；重要的苗种基地和养殖场所不得围垦。

第三十五条 进行水下爆破、勘探、施工作业，对渔业资源有严重影响的，作业单位应当事先同有关县级以上人民政府渔业行政主管部门协商，采取措施，防止或者减少对渔业资源的损害；造成渔业资源损失的，由有关县级以上人民政府责令赔偿。

第三十六条 各级人民政府应当采取措施，保护和改善渔业水域的生态环境，防治污染。

渔业水域生态环境的监督管理和渔业污染事故的调查处理，依照《中华人民共和国海洋环境保护法》和《中华人民共和国水污染防治法》的有关规定执行。

第三十七条 国家对白鳍豚等珍贵、濒危水生野生动物实行重点保护，防止其灭绝。禁止捕杀、伤害国家重点保护的水生野生动物。因科学研究、驯养繁殖、展览或者其他特殊情况，需要捕捞国家重点保护的水生野生动物的，依照《中华人民共和国野生动物保护法》的规定执行。

第五章 法律责任

第三十八条 使用炸鱼、毒鱼、电鱼等破坏渔业资源方法进行捕捞的，违反关于禁渔区、禁渔期的规定进行捕捞的，或者使用禁用的渔具、捕捞方法和小于最小网目尺寸的网具进行捕捞或者渔获物中幼鱼超过规定比例的，没收渔获物和违法所得，处五万元以下的罚款；情节严重的，没收渔具，吊销捕捞许可证；情节特别严重的，可以没收渔船；构成犯罪的，依法追究刑事责任。

在禁渔区或者禁渔期内销售非法捕捞的渔获物的，县级以上地方人民政府渔业行政主管部门应当及时进行调查处理。

制造、销售禁用的渔具的，没收非法制造、销售的渔具和违法所得，并处一万元以下的罚款。

第三十九条 偷捕、抢夺他人养殖的水产品的，或者破坏他人养殖水体、养殖设施的，责令改正，可以处二万元以下的罚款；造成他人损失的，依法承担赔偿责任；构成犯罪的，依法追究刑事责任。

第四十条 使用全民所有的水域、滩涂从事养殖生产，无正当理由使水域、滩涂荒芜满一年的，由发放养殖证的机关责令限期开发利用；逾期未开发利用的，吊销养殖证，可以并处一万元以下的罚款。

未依法取得养殖证擅自在全民所有的水域从事养殖生产的，责令改正，补办养殖证或者限期拆除养殖设施。

未依法取得养殖证或者超越养殖证许可范围在全民所有的水域从事养殖生产，妨碍航运、行洪的，责令限期拆除养殖设施，可以并处一万元以下的罚款。

第四十一条 未依法取得捕捞许可证擅自进行捕捞的，没收渔获物和违法所得，并处十万元以下的罚款；情节严重的，并可以没收渔具和渔船。

第四十二条 违反捕捞许可证关于作业类型、场所、时限和渔具数量的规定进行捕捞的，没收渔获物和违法所得，可以并处五万元以下的罚款；情节严重的，并可以没收渔具，吊销捕捞许可证。

第四十三条 涂改、买卖、出租或者以其他形式转让捕捞许可证的，没收违法所得，吊销捕捞许可证，可以并处一万元以下的罚款；伪造、变造、买卖捕捞许可证，构成犯罪的，依法追究刑事责任。

第四十四条 非法生产、进口、出口水产苗种的，没收苗种和违法所得，并处五万元以下的罚款。

经营未经审定批准的水产苗种的，责令立即停止经营，没收违法所得，可以并处五万元以下的罚款。

第四十五条 未经批准在水产种质资源保护区内从事捕捞活动的，责令立即停止捕捞，没收渔获物和渔具，可以并处一万元以下的罚款。

第四十六条 外国人、外国渔船违反本法规定，擅自进入中华人民共和国管辖水域从事渔业生产和渔业资源调查活动的，责令其离开或者将其驱逐，可以没收渔获物、渔具，并处五十万元以下的罚款；情节严重的，可以没收渔船；构成犯罪的，依法追究刑事责任。

第四十七条 造成渔业水域生态环境破坏或者渔业污染事故的，依照《中华人民共和国海洋环境保护法》和《中华人民共和国水污染防治法》的规定追究法律责任。

第四十八条 本法规定的行政处罚，由县级以上人民政府渔业行政主管部门或者其所属的渔政监督管理机构决定。但是，本法已对处罚机关作出规定的除外。

在海上执法时，对违反禁渔区、禁渔期的规定或者使用禁用的渔具、捕捞方法进行捕捞，以及未取得捕捞许可证进行捕捞的，事实清楚、证据充分，但是当场不能按照法定程序作出和执行行政处罚决定的，可以先暂时扣押捕捞许可证、渔具或者渔船，回港后依法作出和执行行政处罚决定。

第四十九条 渔业行政主管部门和其所属的渔政监督管理机构及其工作人员违反本法规定核发许可证、分配捕捞限额或者从事渔业生产经营活动的，或者有其他玩忽职守不履行法定义务、滥用职权、徇私舞弊的行为的，依法给予行政处分；构成犯罪的，依法追究刑事责任。

第六章　附　则

第五十条 本法自 1986 年 7 月 1 日起施行。

附 录

渔港水域交通安全管理条例

（1989 年 5 月 5 日国务院第 40 次常务会议通过；根据 2011 年 1 月 8 日国务院令 588 号《国务院关于废止和修改部分行政法规的决定》修正；根据 2017 年 10 月 7 日国务院令 687 号《国务院关于修改部分行政法规的决定》第二次修订）

第一条 根据《中华人民共和国海上交通安全法》第四十八条的规定，制定本条例。

第二条 本条例适用于在中华人民共和国沿海以渔业为主的渔港和渔港水域（以下简称“渔港”和“渔港水域”）航行、停泊、作业的船舶、设施和人员以及船舶、设施的所有者、经营者。

第三条 中华人民共和国渔政渔港监督管理机关是对渔

港水域交通安全实施监督管理的主管机关，并负责沿海水域渔业船舶之间交通事故的调查处理。

第四条 本条例下列用语的含义是：

渔港是指主要为渔业生产服务和供渔业船舶停泊、避风、装卸渔获物和补充渔需物资的人工港口或者自然港湾。

渔港水域是指渔港的港池、锚地、避风湾和航道。

渔业船舶是指从事渔业生产的船舶以及属于水产系统为渔业生产服务的船舶，包括捕捞船、养殖船、水产运销船、冷藏加工船、油船、供应船、渔业指导船、科研调查船、教学实习船、渔港工程船、拖轮、交通船、驳船、渔政船和渔监船。

第五条 对渔港认定有不同意见的，依照港口隶属关系由县级以上人民政府确定。

第六条 船舶进出渔港必须遵守渔港管理章程以及国际海上避碰规则，并依照规定办理签证，接受安全检查。

渔港内的船舶必须服从渔政渔港监督管理机关对水域交通安全秩序的管理。

第七条 船舶在渔港内停泊、避风和装卸物资，不得损坏渔港的设施装备；造成损坏的应当向渔政渔港监督管理机关报告，并承担赔偿责任。

第八条 船舶在渔港内装卸易燃、易爆、有毒等危险货物，必须遵守国家关于危险货物管理的规定，并事先向渔政渔港监督管理机关提出申请，经批准后在指定的安全地点装卸。

第九条 在渔港内新建、改建、扩建各种设施，或者进行其他水上、水下施工作业，除依照国家规定履行审批手续外，应当报请渔政渔港监督管理机关批准。渔政渔港监督管理机关批准后，应当事先发布航行通告。

第十条 在渔港内的航道、港池、锚地和停泊区，禁止从事有碍海上交通安全的捕捞、养殖等生产活动。

第十一条 国家公务船舶在执行公务时进出渔港，经通报渔政渔港监督管理机关，可免于签证、检查。渔政渔港监督管理机关应当对执行海上巡视任务的国家公务船舶的靠岸、停泊和补给提供方便。

第十二条 渔业船舶在向渔政渔港监督管理机关申请船舶登记，并取得渔业船舶国籍证书或者渔业船舶登记证书后，方可悬挂中华人民共和国国旗航行。

第十三条 渔业船舶必须经船舶检验部门检验合格，取得船舶技术证书，并领取渔政渔港监督管理机关签发的渔业船舶航行签证簿后，方可从事渔业生产。

第十四条 渔业船舶的船长、轮机长、驾驶员、轮机员、电机员、无线电报务员、话务员，必须经渔政渔港监督管理机关考核合格，取得职务证书，其他人员应当经过相应的专业训练。

第十五条 地方各级人民政府应当加强本行政区域内渔业船舶船员的技术培训工作。国营、集体所有的渔业船舶，其船员的技术培训由渔业船舶所属单位负责；个人所有的渔业船舶，其船员的技术培训由当地人民政府渔业行政主管部门负责。

第十六条 渔业船舶之间发生交通事故，应当向就近的渔政渔港监督管理机关报告，并在进入第一个港口四十八小时之内向渔政渔港监督管理机关递交事故报告书和有关材料，接受调查处理。

第十七条 渔政渔港监督管理机关对渔港水域内的交通事故和其他沿海水域渔业船舶之间的交通事故，应当及时查明原因，判明责任，作出处理决定。

第十八条 渔港内的船舶、设施有下列情形之一的，渔政渔港监督管理机关有权禁止其离港，或者令其停航、改航、停止作业：

（一）违反中华人民共和国法律、法规或者规章的；

（二）处于不适航或者不适拖状态的；

（三）发生交通事故，手续未清的；

（四）未向渔政渔港监督管理机关或者有关部门交付应当承担的费用，也未提供担保的；

（五）渔政渔港监督管理机关认为有其他妨害或者可能

妨害海上交通安全的。

第十九条 渔港内的船舶、设施发生事故，对海上交通安全造成或者可能造成危害，渔政渔港监督管理机关有权对其采取强制性处置措施。

第二十条 船舶进出渔港依照规定应当到渔政渔港监督管理机关办理签证而未办理签证的，或者在渔港内不服从渔政渔港监督管理机关对水域交通安全秩序管理的，由渔政渔港监督管理机关责令改正，可以并处警告、罚款；情节严重的，扣留或者吊销船长职务证书（扣留职务证书时间最长不超过六个月，下同）。

第二十一条 违反本条例规定，有下列行为之一的，由渔政渔港监督管理机关责令停止违法行为，可以并处警告、罚款；造成损失的，应当承担赔偿责任；对直接责任人员由其所在单位或者上级主管机关给予行政处分：

（一）未经渔政渔港监督管理机关批准或者未按照批准文件的规定，在渔港内装卸易燃、易爆、有毒等危险货物的；

（二）未经渔政渔港监督管理机关批准，在渔港内新建、改建、扩建各种设施或者进行其他水上、水下施工作业的；

（三）在渔港内的航道、港池、锚地和停泊区从事有碍海上交通安全的捕捞、养殖等生产活动的。

第二十二条 违反本条例规定，未持有船舶证书或者未配齐船员的，由渔政渔港监督管理机关责令改正，可以并处罚款。

第二十三条 违反本条例规定，不执行渔政渔港监督管理机关作出的离港、停航、改航、停止作业的决定，或者在执行中违反上述决定的，由渔政渔港监督管理机关责令改正，可以并处警告、罚款；情节严重的，扣留或者吊销船长职务证书。

第二十四条 当事人对渔政渔港监督管理机关作出的行政处罚决定不服的，可以在接到处罚通知之日起十五日内向人民法院起诉；期满不起诉又不履行的，由渔政渔港监督管理机关申请人民法院强制执行。

第二十五条 因渔港水域内发生的交通事故或者其他沿海水域发生的渔业船舶之间的交通事故引起的民事纠纷，可以由渔政渔港监督管理机关调解处理；调解不成或者不愿意调解的，当事人可以向人民法院起诉。

第二十六条 拒绝、阻碍渔政渔港监督管理工作人员依法执行公务，应当给予治安管理处罚的，由公安机关依照《中华人民共和国治安管理处罚法》有关规定处罚；构成犯罪的，由司法机关依法追究刑事责任。

第二十七条 渔政渔港监督管理工作人员，在渔港和渔港水域交通安全监督管理工作中，玩忽职守、滥用职权、徇私舞弊的，由其所在单位或者上级主管机关给予行政处分；构成犯罪的，由司法机关依法追究刑事责任。

第二十八条 本条例由农业部负责解释；实施细则由农业部制定。

第二十九条 本条例自一九八九年八月一日起施行。

船舶进出渔港签证办法

（一九九〇年一月二十六日农业部发布；根据一九九七年十二月二十五日农业部令第39号修订）

第一章 总 则

第一条 为维护渔港正常秩序，保障渔港设施、船舶及人命、财产安全，防止污染渔港水域环境，加强进出渔港船舶的监督管理，根据《中华人民共和国海上交通安全法》、《中华人民共和国防止船舶污染海域管理条例》及《中华人民共和国渔港水域交通安全管理条例》等有关法律、行政法规，特制定本办法。

第二条 凡进出渔港（含综合性港口内的渔业港区、水域、锚地和渔船停泊的自然港湾）的中国籍船舶均应遵守本办法。

第三条 下列船舶可免予签证：

（一）在执行公务时的军事、公安、边防、海关、海监、渔政船等国家公务船。

（二）体育运动船。

（三）经渔港监督机关批准免予签证的其他船舶。

第四条 外国籍船舶，港、澳地区船舶（含港、澳流动渔船）及台湾省渔船，进出渔港应向渔港监督机关报告，遵守渔港管理规定。

第五条 中华人民共和国渔港监督机关是依据本办法负责船舶进出渔港签证工作和对渔业船舶实施安全检查的主管机关。

第二章 签证办法

第六条 船舶应在进港后 24 小时内（在港时间不足 24 小时的，应于离港前）应向渔港监督机关办理进出港签证手续，并接受安全检查。签证工作一般实行进出港一次签证。渔业船舶若临时改变作业性质，出港时仍需办理出港签证。

第七条 在海上连续作业时间不超过 24 小时的渔业船舶（包括水产养殖船），以及长度在 12 米以下的小型渔业船舶，可以向所在地或就近渔港的渔港监督机关或其派出机构办理定期签证，并接受安全检查。

第八条 凡需在渔港内装卸货物的船舶，须填写《船舶进（出）港报告单》一式两份（一份存签证机关，一份存本船）。

第九条 装运危险物品进港的船舶，应在抵港前三天（航程不足三天者，应在驶离发出港前）直接或通过代理人，向所进港口的渔港监督机关报告所装物品的名称、数量、性质，包装情况和进港时间，经批准后，方可进港，并在指定地点停泊和作业。

第十条 凡需要在渔港内装载危险货物的船舶，应在装船前两天向渔港监督机关申请办理《船舶装运危险物品准运单》一式四份（出港签证机关、进港签证机关、本船及托运单位各存一份）。

同时装运普通货物和危险货物的船舶须分别填报《船舶进（出）港报告单》和《船舶装运危险物品准运单》。

第十一条 渔港监督机关办理进出港签证，须填写《渔业船舶进出港签证登记簿》和《渔业船舶航行签证簿》备查。

第三章 签证条件

第十二条 进出渔港的船数须符合下列条件，方能办理签证：

（一）船舶证书（国籍证书或登记证书、船舶检验证书、航行签证簿）齐全、有效。

捕捞渔船还须有渔业捕捞许可证。

捕捞渔船临时从事载客、载货运输时，须向船舶检验部门申请临时检验，并取得有关证书。

150总吨以上的油轮、400总吨以上的非油轮和主机额定功率300千瓦以上的渔业船舶，应备有油类记录簿。

从事倾倒废弃物作业的船舶，应持有国家海洋局或其派出机构的批准文件。

（二）按规定配齐船员、职务船员应持有有效的职务证书。

（三）船舶处于适航状态。各种有关航行安全的重要设施及救生、消防设备按规定配备齐全，并处于良好使用状态。

装载合理，按规定标写船名、船号、船籍港和悬挂船名牌。

（四）装运危险物品的船舶，其货物名称和数量应与《船舶装运危险物品准运单》所载相符，并有相应的安全保障和预防措施，按规定显示信号。

（五）没有违反中华人民共和国法律、行政法规或港口管理规章的行为。

（六）已交付了承担的费用，或提供了适当的担保。

（七）如发生交通事故，按规定办完处理手续。

（八）根据天气预报，海上风力没有超过船舶抗风等级。

第四章　违章处罚

第十三条　未办理进出渔港签证的，或者在渔港内不服从渔政渔港监督管理机关对水域交通安全秩序管理的，由渔政渔港监督管理机关责令改正，可以并处警告、罚款；情节严重的，扣留或者吊销船长职务证书（扣留职务证书时间不得超过6个月，下同）。

罚款按以下标准执行：

对500总吨以上机动船舶处500元至1000元；500总吨及以下机动船舶处100元至500元；对非机动船舶处50元以下罚款。

第十四条　有下列行为之一的，渔政渔港监督管理机关责令停止违法行为，可以并处警告、1000元以下罚款；造成损失的，应当承担赔偿责任：

（一）未经渔政渔港监督管理机关批准或者未按照批准文件的规定，在渔港内装卸易燃、易爆、有毒等危险货物的；

（二）未经渔政渔港监督管理机关批准，在渔港内新建、改建、扩建各种设施或者进行其他水上、水下施工作业的；

（三）在渔港内的航道、港池、锚地和停泊区从事有碍海上交通安全的捕捞、养殖等生产活动的。

第十五条　未持有船舶证书或未按规定配齐船员的，处以 1000 元以下罚款。

第十六条　不执行渔政渔港监督管理机关做出的离港、停航、改航、停止作业的决定，或者在执行中违反上述决定的，由渔政渔港监督管理机关责令改正，可以并处警告、1000 元以下罚款；情节严重的，扣留或者吊销船长职务证书。

第五章　附　则

第十七条　各省、自治区、直辖市水产行政主管部门及其渔港监督机关可根据本地区的具体情况，依照本办法制定实施细则和渔汛期签证办法，报农业部备案。

第十八条　《渔业船舶航行签证簿》、《船舶装运危险物品准运单》、《船舶进（出）港报告单》及《渔业船舶进出港签证登记簿》的格式由农业部制定。

第十九条　本办法由农业部负责解释。

第二十条　本办法自公布之日起施行。

渔港费收规定

（1993 年 10 月 7 日农业部、国家计委发布）

第一章　总　则

第一条　为保障渔港及渔港水域正常航行与作业秩序，充分发挥渔港效能，保证渔业航标等安全设施处于正常使用状态和保护渔港水域环境，制定本规定。

第二条　凡进出渔港的船舶均应按本规定缴纳各项费用。从事非生产性经营或营利性服务的下列船舶除外：

（一）国家公务船舶；

（二）体育运动船；

（三）科研调查船；

（四）教学实习船。

第三条　渔港费用由中华人民共和国渔港监督机关负责征收、使用和管理。

第二章　计费方法

第四条　计费单位：

（一）机动捕捞渔船以主推进动力装置总功率为计费单位；

（二）非机动捕捞渔船和渔业辅助船舶以净吨（无净吨

的按载重吨，拖轮按主推进动力装置总功率）为计费单位。

第五条 进整办法：

（一）船舶以主推进动力装置功率为计费单位的，不足1千瓦按1千瓦计；以净吨（无净吨按载重吨）为计费单位的，不足1吨按1吨计。

（二）以月为计费单位的，按日历月计，不足1个月的，未超过当月15日的，按半个月计，超过的按1个月计；以小时为计费单位的，不足1小时按1小时计。

（三）以次为计费单位的，每进入或每驶出渔港各为一次计。

（四）货物的重量按毛重（包括包装重量）计算，以吨为计费单位。

（五）面积以平方米为计费单位，不足1平方米的按1平方米计。

第六条 非渔业船舶的计费方法和计费标准可参照交通部门的有关规定执行。

第三章 船舶港务费

第七条 机动捕捞渔船每进港或出港一次，各按主推进动力装置总功率每千瓦征收船舶港务费0.10元；非机动捕捞船舶和渔业辅助船舶每进港或出港一次，各按船舶净吨（无净吨的按载重吨，拖轮按主推进动力装置总功率）每吨征收船舶港务费0.15元。征收办法如下：

（一）本船籍港的渔业船舶，按每艘每月进入和驶出渔港各一次计收船舶港务费。机动渔业船舶最低收费每月每艘13元；非机动渔业船舶每月每艘8元。按季度或年度缴纳。

（二）非本船籍港的渔业船舶：机动渔业船舶最低收费每次每艘4元；非机动渔业船舶最低收费每次每艘2元。

非本船籍港的捕捞渔船，最多按每月进入和驶出渔港各二次计收船舶港务费。

第八条 主推进动力装置总功率为351千瓦及以上机动捕捞渔船，超过部分减半收费。

第四章 停泊费、靠泊费

第九条 渔业船舶在港内停泊超过24小时的，每超过24小时（不足24小时的按24小时计），按以下标准加收停泊费：

（一）机动渔业船舶按主推进动力装置总功率每千瓦0.03元，最低收费4元。

（二）非机动渔业船舶每净吨0.02元，最低收费2元。本船籍港的渔业船舶不再缴纳停泊费。

第十条 经渔港监督机关批准在渔港内设置的养殖、海鲜酒舫等生产和服务设施，按其占用的水域面积每平方米每月征收停泊费0.10元。

第十一条 船舶靠泊渔港码头超过6小时，每超过6小时，按船舶港务费加收25%的停泊费；不足6小时的按6小时计算，以此类推。

本船籍港的渔业船舶靠泊渔港码头，24 小时内免缴靠泊费；超过 24 小时的，超过部分按本条第一款规定缴纳靠泊费。

第五章　货物港务费

第十二条　货物港务费：装卸每 1 吨货物（本船渔获物除外）收取 0. 20 元，危险货物加倍收取。

本船籍港的渔业船舶不再缴纳货物港务费。

第六章　附　则

第十三条　因紧急避险、接送伤病员进港的船舶，在险情解除 24 小时以后或送走伤病员 4 小时以后，开始按规定计收相应费用。但如在免缴费期间内从事补给或装卸货物，应按规定缴纳有关费用。

第十四条　渔业船舶应在规定的期限内缴纳渔港费用，否则，渔港监督机关有权禁止其离港，并可加收滞纳金。按月计费的，每逾期 1 个月，加收 15%的滞纳金，不足 1 个月按 1 个月计算；按次计费的，每逾期 1 天，加收 5%的滞纳金，不足 1 天的按 1 天计算。

第十五条　本船籍港的渔业船舶因自然灾害或航行事故造成严重经济损失的，可按月向本船籍港的渔港监督机关申请减（免）缴或缓缴船舶港务费。经批准者，批准机关应在其航行签证簿中载明减（免）缴或缓缴的原因、时间和金额，并加盖财务印章。

第十六条 渔港费收应按照规定的用途专款专用，其使用范围是：

（一）渔港及渔港设施的管理和维护。

（二）渔业部门设置的航标和其他渔港水上交通安全设施的管理、维护和保养。

（三）渔港水域环境的监测和保护。

第十七条 各级渔港监督机关应建立健全财务制度，不得擅自增加收费项目、提高收费标准。

上级渔港监督机关有权监督检查下级渔港监督机关的渔港费用的征收、使用和管理工作。

第十八条 各级渔业主管部门、物价管理部门及渔港监督机关应严格执行本规定。本规定自 1993 年 12 月 1 日起施行。

渔业船舶船名规定

（1998 年 3 月 2 日农渔发〔1998〕1 号公布；
根据 2007 年 11 月 8 日农业部令第 6 号、2010 年 11 月 26 日农业部令 2010 年第 11 号、2013 年 12 月 31 日农业部令 2013 年第 5 号修订）

第一条 为加强渔业船舶的监督管理工作，规范渔业船舶船名，根据《中华人民共和国海商法》、《中华人民共和国渔业船舶登记办法》等有关法律、法规，制定本规定。

第二条 凡具有中华人民共和国国籍的渔业船舶均应依照本规定标写船名、船籍港和悬挂船名牌。

第三条 渔业船舶船名由以下 4 部分依次组成：

（一）省（自治区、直辖市）名称的规范化简称。

（二）渔业船舶所在县（市、区）名称的规范化简称，取第一个汉字，如果第一个汉字与本省其他县（市、区）名称相同，则取前两个汉字。

（三）船舶种类（或用途）的代称：

1. 捕捞船用“渔”；

2. 养殖船用“渔养”；

3. 渔业指导船用“渔指”；

4. 供油船用“渔油”；

5. 供水船用“渔水”；

6. 渔业运输船用“渔运”；

7. 渔业冷藏船用“渔冷”；

其他种类的渔业船舶由各省级渔业船舶登记机关规定，报中华人民共和国渔政局备案。

（四）顺序号由 5 位数的数码组成。

第四条 国有渔业企业的渔业船舶的船名，可以用本企业名称的简称代替省、自治区、直辖市名称的简称和本企业所在县（市、区）名称的简称。

第五条 远洋渔业船舶、科研船和教学实习船的船名，由简体汉字或‘简体汉字’和‘数字’依次组成。

前款规定的船名不得与登记在先的船舶同名或同音。

国内现有捕捞渔船依法从事远洋作业的，船名保持不变。

第六条 渔政船、渔监船等国家公务船的船名，由其主管机关规定。

第七条 渔业船舶取得船名后，应当在船首两舷和船尾部标写船名和船籍港名称。船首两侧的船名从左至右横向标写；船籍港名称应在船尾部中央从左至右水平标写。

第八条 船名和船籍港名称的标写颜色为黑底白字，如果船体漆的颜色与白色反差较大，也可以以船体漆的颜色为底色。标写字型均为仿宋体，字迹必须工整、清晰。字体大小视船型而定，但船名字体尺寸不应小于 300 毫米×300 毫米，船籍港的字体尺寸不应小于200毫米×200毫米。

第九条 渔业船舶应当在驾驶台顶部两侧悬挂船名牌。船名牌制作要求如下：

（一）颜色为蓝底白字；

（二）形状为圆角矩形；

（三）船名牌的型号分为ⅰ、ⅱ和ⅲ型。使用范围如下：

1. 船长大于24米的渔业船舶使用ⅰ型牌；

2. 船长在12至24米之间渔业船舶使用ⅱ型牌；

3. 船长小于12米的渔业船舶使用ⅲ型牌。

（四）船牌内汉字采用仿宋体。

（五）ⅰ型船牌外型尺寸为：1400毫米×330毫米；

ⅱ型船牌外型尺寸为：1000毫米×300毫米；

ⅲ型船牌的规格由各省级渔业船舶登记机关规定。报中华人民共和国渔政渔港监督管理局备案。

（六）船名牌可以使用铝板、木板或玻璃钢板制作。

（七）ⅰ型船牌由海区渔政渔港监督管理局负责统一制做。

第十条 船名牌必须固定安装，并保持完整无损，不得被其他物体遮挡。发现损坏、褪色等可能影响船名牌显示效能的情况时，应及时修复或更换。

第十一条 本规定由农业部负责解释。

第十二条 本规定自颁布之日起执行。

第十三条 原农林部颁布的《关于渔船统一编号的通知》〔（75）农林（渔）字第34号〕从本规定颁布之日起废止。

渔业统计工作规定

农渔发〔2010〕5号

第一章 总 则

第一条 为进一步规范全国渔业统计工作，保证渔业统计资料的真实性、准确性、完整性和时效性，根据《中华人民共和国统计法》及其实施细则和《统计违法违纪行为处分规定》，制定本规定。

第二条 渔业统计是国家农业统计的重要组成部分，履行国家统计调查职能，基本任务是依法对渔业生产及经济发展情况进行统计调查、统计分析，提供统计资料和统计咨询，实行统计监督。

第三条 全国渔业统计工作由农业部统一领导，各级渔业行政主管部门分级组织实施。乡（镇）渔业统计工作由乡（镇）人民政府指定的机构或人员负责。

第四条 各级渔业行政主管部门、渔业统计机构、统计人员依照《中华人民共和国统计法》和本规定独立开展渔业统计工作。统计人员应当坚持实事求是原则，恪守职业道德，依法履行职责，如实收集、报送渔业统计资料。

第二章 统计调查

第五条 渔业统计调查的主要内容包括渔业经济核算、水产养殖面积、水产品产量、远洋渔业、水产苗种、水产品加工、年末渔船拥有量、渔业灾情、渔业人口与从业人员、渔民家庭收支情况调查等。

第六条 渔业统计调查范围包括各省、自治区、直辖市所属的各类经济组织、各个系统的全部渔业生产单位和非农行业单位附属的渔业生产活动单位。不包括渔业科学试验机构进行的渔业生产；不包括香港特别行政区、澳门特别行政区和台湾地区。

第七条 渔业统计调查周期，除渔民家庭收支情况调查周期为上年的11月1日至当年的10月31日外，其他调查周期为当年的1月1日至12月31日。

第八条 渔业统计调查方法以全面统计为主，以抽样调查、重点调查及其他必要调查手段为补充。

调查内容中，渔民家庭收支情况调查采用抽样调查方法；远洋渔业数据按照远洋渔业管理规定进行统计；渔业产值、增加值数据取自同级统计部门数据；其他调查内容采用全面统计调查方法。

第九条 渔业统计调查分月度调查、半年度调查和年度调查。调查程序为乡（镇）人民政府指定的统计机构或人员通过对基本单位的调查取得第一手资料，经被调查基本单位确认后，逐级上报乡（镇）人民政府、县级以上渔业行政主管部门，最后报农业部按国家统计数据进行管理使用。

第十条 省级渔业行政主管部门应当依据本规定和基层实际情况，采取全面统计和灵活多样的调查方法有机结合的方式，制定本辖区乡（镇)、村两级渔业统计数据调查工作方案，报农业部和同级统计部门备案后实施。

第三章 报表制度

第十一条 渔业统计报表分月报表、半年报表和年报表。统计报表的具体内容和报送要求由农业部定期修订，报国家统计局审批后实施。

第十二条 省级渔业行政主管部门按照国家统计局批准实施的渔业统计报表制度向农业部报送渔业统计月报、半年报和年报，报送材料包括统计数据、数据波动说明和数据分析三部分。网络材料与纸质材料同时报送，网络材料通过中国渔业政务网（www. cnfm. gov. cn）报送，纸质报表须经单位负责人、填表人签名并加盖单位公章。

第十三条 省级（不含）以下渔业行政主管部门、渔业统计机构、统计人员向上一级报送渔业统计月报、半年报和年报时，实行纸质材料报送，有条件地区，可以同时采用网络方式报送，报出的报表须经单位负责人、填表人签名并加盖单位公章。

第四章　质量审核

第十四条　各级渔业行政主管部门应当建立科学系统的质量审核制度，对渔业统计数据进行质量审核。数据质量审核采取本级渔业行政主管部门自审、上级渔业行政主管部门下核一级的办法进行。

第十五条　数据质量审核主要包括以下内容：

（一）统计数据是否符合渔业生产实际；

（二）各项指标数据之间的内在逻辑关系；

（三）各项指标数据的同比波动情况。

对波动幅度较大的指标，应当采取重点调查等方式进行核实，查明波动真正原因，如果指标数据同比增减幅度超过5%，必须同时提供相应文字说明。

第十六条　各级渔业行政主管部门应当及时将审核结果向下一级渔业行政主管部门反馈。下一级渔业行政主管部门应当根据上一级渔业行政主管部门的审核结果对数据进行再核实。

第五章　数据管理

第十七条　各级渔业行政主管部门应当建立渔业统计资料保存管理制度，对通过统计调查所取得的数据原始记录、推算过程、统计台账等重要资料，实行审核、签署、交接、归档等程序。统计资料档案的保管、调用和移交，应当遵守国家有关档案管理的规定。

渔业统计月报、半年报、年报等原始上报资料保存期限不少于 3 年；渔业统计年鉴资料应当永久保存。

第十八条 各级渔业行政主管部门按照国家有关规定，应当及时向同级统计部门提供有关渔业统计数据，并定期公布渔业统计资料。渔业统计资料的公布，不得损害其他单位或者个人的合法利益。

全国渔业统计数据，由农业部抄送国家统计局后对外发布。

第六章 条件保障

第十九条 各级渔业行政主管部门应当设置统计机构或者在有关机构中设置专职、兼职渔业统计人员，并指定渔业统计工作负责人。

第二十条 各级渔业行政主管部门应当保持渔业统计人员岗位相对稳定，保证统计工作的连续性。如确需变更岗位的，应当在一周内完成“全国渔业统计人员与专家库管理系统”的信息更新。

第二十一条 各级渔业行政主管部门应当定期对本辖区渔业统计人员进行专业培训和职业道德教育。

第二十二条 各级渔业行政主管部门应当将渔业统计工作经费列入部门财政预算，保障渔业统计工作顺利进行。

第七章　监督管理

第二十三条　农业部负责组织全国渔业统计监督检查工作。省级（含）以下渔业行政主管部门负责本辖区渔业统计监督检查工作。

第二十四条　各级渔业行政主管部门在接受渔业统计工作监督检查时，应当如实反映情况，提供相关证明和资料，不得拒绝、阻碍检查，不得转移、隐匿、篡改、毁弃原始记录和凭证、统计台账、统计调查表、会计资料及其他相关证明和资料。

第二十五条　各级渔业行政主管部门应当建立渔业统计工作考核机制。对在渔业统计工作中依法履行职责，并做出突出成绩的机构和人员给予表扬；对违反统计法律法规的渔业行政主管部门负责人、渔业统计工作责任人、渔业统计人员，依法追究责任。

第八章　附　则

第二十六条　各级渔业行政主管部门和负责渔业统计工作人员在从事渔业统计活动时，应当遵守本规定。

第二十七条　本规定由农业部负责解释。

第二十八条　本规定自发布之日起施行。

渔业统计工作考核暂行办法

农办渔（2010）56号

第一条 为规范渔业统计工作行为，加强渔业统计监督，提高渔业统计工作的制度化、规范化和科学化，保证渔业统计资料的真实性、准确性、完整性和时效性，依据《渔业统计工作规定》，特制定本办法。

第二条 对省级渔业行政主管部门渔业统计工作开展情况的考核适用本办法。抽样调查试点工作考核办法另行制定。

第三条 农业部渔业局负责考核工作的统一部署，由农业部渔业局和中国水产学会有关人员组成考核工作组负责具体实施。

第四条 考核内容包括：

（一）渔业统计条件保障情况；

（二）渔业统计制度建设情况；

（三）数据采集、监督培训等渔业统计日常工作开展情况；

（四）渔业统计报表、统计分析报送工作开展情况；

（五）渔业统计其他工作开展情况。

第五条 考核分为A、B两组。A组为承担月报任务的

20个省、自治区和直辖市；B组为其余11个省、自治区和直辖市。

第六条 考核分为客观记分和主观评分。客观记分主要考核是否按有关规定及时开展渔业统计工作，工作达到规定要求得分，否则不得分；主观评分主要考核统计分析、工作计划、工作总结等材料质量，经考核工作组评审后推荐至中国渔业报等刊物发表后即得分。A组满分100分，其中：客观分87分，主观分13分；B组满分56分，其中：客观分43分，主观分11分。

第七条 考核材料与报送时限：

（一）渔业统计报表和渔业经济形势分析材料，按《渔业统计报表制度》规定时限和要求报送；

（二）渔业统计工作条件保障、制度建设、日常工作开展情况等相关总结和证明材料，下年3月底前以正式文件报送农业部渔业局，同时抄送中国水产学会；

（三）考核工作组随机抽取乡（镇）和村渔业统计资料原始记录，相关省级渔业行政主管部门将原始记录复印件，于下年3月底前随本条第二款所需文件同时报送农业部渔业局，同时抄送中国水产学会。

第八条 考核周期为每年1月1日至12月31日，由于工作需要，延伸包括下年开展的上年渔业统计年报数据汇总工作。

第九条 农业部渔业局不定期组织开展渔业统计工作检

查，对在检查中发现弄虚作假、不如实提供考核材料的单位，将视情节在年度考核总分中扣除 5—10 分。

第十条 条件保障考核（10 分）。设置或指定渔业统计机构（1 分），明确分管渔业统计工作的负责人（1 分），配备专职或兼职渔业统计人员（2 分）；保持统计队伍稳定（1 分），统计人员变动交接符合程序（1 分），定期对“全国渔业统计人员与专家库管理系统”进行信息更新（1 分）；定期对辖区内渔业统计人员进行专业培训和职业道德教育（1 分）；将 4 序稳定。计人员计工作顺利组织实施的相关渔业统计制度。渔业统计工作经费列入本级部门财政预算（2 分）。

第十一条 制度建设考核（6 分）。制定本辖区乡（镇）、村两级渔业统计数据调查工作方案（2 分），建立本辖区主要渔业统计数据质量审核制度（2 分）、渔业统计工作考核制度（1 分）、渔业统计资料保存制度（1 分）。

第十二条 日常工作考核（12 分）。对上年度渔业统计工作开展情况进行认真总结，制定本年度渔业统计工作计划（1 分），经考核工作组评审后推荐至中国渔业报等刊物发表（1 分）；组织开展辖区内渔业统计工作监督检查（2 分）；按《渔业统计报表制度》规定程序进行数据收集、处理、报送（5 分）；保存渔业统计资料，原始记录和统计台帐健全、统一（3 分）。

第十三条 统计报表和统计分析材料考核（A 组 72 分，

B组28分）

（一）月报报送工作（A组，每次4分，共10次40分）

按《渔业统计报表制度》规定时限报送（1分），报表内容完整（1分），表内、表间关系平衡，数据无错误（1分），指标数据同比增减幅度超过5%有相应文字说明（1分）。

（二）半年报报送工作（8分）

按《渔业统计报表制度》规定时限报送（2分），报表内容完整（2分），表内、表间关系平衡，数据无错误（2分），指标数据同比增减幅度超过5%有相应文字说明（2分）。

（三）年报报送工作考核（16分）

按《渔业统计报表制度》规定时限报送（2分），报表符合渔业统计报表制度规定的统计范围、指标口径、计算单位、计算方法和编制程序，报表内容完整（2分），表内、表间关系平衡，数据无错误（2分），指标数据同比增减幅度超过5%有相应文字说明（2分），对全年主要渔业统计数据进行合理预计（3分），严格执行下核一级制度（5分）。

（四）统计分析材料考核（A组8分；B组4分）

按规定时限上报季度、半年和年度渔业经济形势分析材料（每篇1分），经考核工作组评审后推荐至中国渔业报等刊物发表（每篇1分）。

第十四条 根据考核分数高低，A组和B组分别设考核优秀奖5名和2名。对考核优秀的单位及其渔业统计工作人员进行表彰。

第十五条 考核结果将在适当范围内进行公布，并将作为下一年度农业部渔业统计工作经费安排的重要参考因素。

第十六条 本办法由农业部渔业局负责解释。

第十七条 本办法自发布之日起施行。

山东省渔业养殖与增殖管理办法

山东人民政府令

第206号

《山东省渔业养殖与增殖管理办法》已经2008年7月21日省政府第17次常务会议通过，现予公布，自2008年10月10日起施行。

山东省省长

二〇〇八年九月八日

第一章 总 则

第一条 为了加强渔业养殖与增殖管理，保障水产品质量安全，促进现代渔业发展，根据《中华人民共和国渔业法》等法律、法规，结合本省实际，制定本办法。

第二条 在本省管辖范围内从事渔业养殖与增殖及其他相关活动，应当遵守本办法。

第三条 县级以上人民政府应当将渔业养殖与增殖纳入国民经济和社会发展规划，保护水域环境和生态安全，促进渔业养殖与增殖的发展。

县级以上人民政府统一领导、协调本辖区内的水产品质量安全监督管理工作，建立健全水产品质量安全责任目标考核制度，对水产品质量安全监督管理负总责。

第四条 县级以上人民政府渔业行政主管部门负责本辖区内的渔业养殖与增殖管理工作。

乡（镇）人民政府应当协助渔业行政主管部门做好渔业养殖与增殖的相关管理工作。

发展改革、财政、卫生、水利、畜牧、环境保护、质量技术监督、工商行政管理、食品药品监督和出入境检验检疫等部门，应当按照各自职责，密切配合，做好渔业养殖与增殖的相关工作。

第五条 县级以上人民政府渔业行政主管部门应当建立健康养殖和无公害水产品生产制度。引导、推广水产品标准化生产，鼓励和支持生产绿色、有机水产品。

鼓励单位和个人开展渔业养殖与增殖科学技术研究，开发、推广先进技术和优良品种，促进渔业可持续发展。

第六条 县级以上人民政府应当采取措施，鼓励、支持、引导养殖单位和个人依法组建或者加入渔业专业合作经济组织。

渔业专业合作经济组织应当加强自律管理，为成员及时提供生产技术服务，建立水产品质量安全管理制度，健全水产品质量安全控制体系。

第二章　养殖管理

第七条 省渔业行政主管部门应当根据全省土地利用总

体规划和海洋功能区划，编制水域滩涂养殖规划和渔业苗种生产发展规划，并组织实施。

设区的市、县（市、区）人民政府应当组织有关部门根据全省水域滩涂养殖规划，编制本行政区水域滩涂养殖规划，按规定报经批准后实施。

第八条 渔业苗种生产实行许可证制度。从事经营性渔业苗种生产活动的单位和个人，应当依法取得渔业苗种生产许可证。未取得渔业苗种生产许可证的，不得从事经营性渔业苗种生产活动。渔业苗种生产许可证的具体管理办法，由省渔业行政主管部门制定。

第九条 渔业苗种应当采用人工培育方式获得，不得使用天然苗种进行养殖；国家另有规定的，从其规定。

第十条 县级以上人民政府渔业行政主管部门应当建立和完善渔业养殖调查评估制度，科学划分渔业养殖区域，合理确定养殖容量，适时调整渔业养殖区域布局，并向社会公布。

第十一条 单位和个人使用全民所有的水域、滩涂从事渔业养殖的，应当依法取得养殖证。

第十二条 渔业养殖用水应当符合渔业水质标准，养殖场所的进排水系统应当分开，养殖废水排放应当符合国家规定标准。

从事渔业养殖的单位和个人应当加强养殖用水水质监测，养殖用水水源受到污染时，应当立即停止使用，经净化处理达到渔业水质标准后方可使用；污染严重的，应当及时报告当地渔业行政主管部门。

鼓励单位和个人采用节水、节能、环保的方式从事养殖活动。

第十三条 县级以上人民政府渔业行政主管部门应当采取措施，完善水产品质量检测机制和水产品药物残留监控制度，定期组织对水产品药物残留进行检测，保障水产品质量安全。

第十四条 从事渔用兽药和渔用饲料及饲料添加剂生产、经营的单位和个人，应当依法取得许可证后，方可从事生产、经营活动。

第十五条 在渔业养殖中禁止使用或者限制使用的药品、生物制剂、防腐剂、保鲜剂，渔业养殖单位和个人应当严格按照国家规定的标准和要求执行。

禁止使用假、劣渔用兽药。禁止将原料药直接用于渔业养殖或者向养殖水域直接泼洒抗生素类药物。禁止销售含有违禁药物或者药物残留量超过标准的水产品。

第十六条 渔业养殖单位应当建立水产品生产记录，对渔业养殖投入品的名称、来源、用法、用量、使用和停用日期，疫病发生和防治情况以及收获、捕捞日期等进行如实记载。水产品生产记录应当保存2年。

鼓励从事渔业养殖的个人建立水产品生产记录。

第十七条 因工程建设占用水域、滩涂，给养殖单位和个人造成损失的，由建设单位依法给予补偿。具体补偿标准和办法由省财政部门、价格主管部门会同省渔业行政主管部门制定。

第三章 增殖管理

第十八条 渔业增殖应当坚持统一规划、因地制宜、保护生态、分级实施的原则，通过放流、底播、移植、投放人工鱼礁以及划定渔业增殖保护区等方式，涵养渔业资源，实现可持续利用。

第十九条 省渔业行政主管部门应当根据渔业资源状况和水域特点，编制全省渔业增殖规划，报省人民政府批准后组织实施。

设区的市、县（市、区）人民政府渔业行政主管部门应当根据全省渔业增殖规划，编制本辖区的增殖规划，报本级人民政府批准后实施。

第二十条 渔业增殖实行项目管理制度。省渔业行政主管部门负责渔业增殖项目的实施和监督，具体工作由其所属的渔业增殖管理机构承担。

渔业增殖项目管理的具体办法，由省渔业行政主管部门会同省财政部门制定。

第二十一条 县级以上人民政府应当设立渔业增殖专项资金，并列入同级财政年度预算。

县级以上人民政府财政部门应当对渔业增殖工作所需经

费给予保障。

渔业增殖受益单位和个人应当依法缴纳渔业资源增殖保护费。渔业资源增殖保护费应当专项用于渔业资源的增殖和保护。

第二十二条 渔业增殖应当使用本地原种亲本及其子一代，不得使用外来物种、杂交种、转基因种和经检验检疫不合格的亲本或者苗种。

用于养殖的渔业亲本、苗种和成体，不得擅自投放到自然水域。

第二十三条 建设人工鱼礁应当按照渔业增殖规划要求，委托有相应资质的单位进行本底调查和可行性论证，并向省渔业行政主管部门提出申请，经省渔业行政主管部门批准后方可建设。

禁止使用有毒、有害和其他可能污染水域环境的材料建设人工鱼礁。

第二十四条 省渔业行政主管部门应当根据全省渔业增殖规划，在渔业增殖水域设立保护区，报省人民政府批准。未经省渔业行政主管部门批准，任何单位和个人不得进入渔业增殖保护区从事捕捞生产。

第二十五条 省渔业行政主管部门应当定期组织有关专家，对渔业增殖生态安全进行评估，并采取措施，确保水域生态安全，防止对水域生态环境、生物资源种质等造成不良影响。

因开发利用水域、滩涂造成渔业生态损害的，应当按照国家规定进行生态补偿。

第四章　防疫管理

第二十六条　县级以上人民政府渔业行政主管部门应当建立和完善水生动物疫病预防控制机制，加强水生动物疫病的监测、检测、诊断、流行病学调查、疫情报告以及其他预防、控制等监督管理工作。

水生动物防疫执法人员应当依法取得行政执法证件。

第二十七条　从事水生动物的苗种培育、养殖、经营的单位和个人，必须具备国家规定的水生动物防疫条件。

水生动物及其产品应当依法进行检疫；应当检疫而未检疫的，必须强制补检。

经检疫不合格的水生动物及其产品，应当进行无害化处理；无法作无害化处理的，应当予以销毁。

第二十八条　县级以上人民政府渔业行政主管部门应当制定本行政区域内的水生动物疫情应急预案，报本级人民政府批准。

县级以上人民政府应当建立必要的渔用兽药、医疗器械等应急物资储备制度，为预防、控制和扑灭突发性重大水生动物疫病提供保障。

第二十九条　任何单位和个人发现水生动物疫病或者疑似疫病的，应当立即向当地渔业行政主管部门报告。渔业行政主管部门接到疫情报告，应当根据疫情，按规定程序报本级人民政府批准后，启动水生动物疫情应急预案。

第三十条 因预防、控制重大水生动物疫情，采取捕杀、消毒、隔离或者销毁措施，给当事人造成经济损失的，当地人民政府应当责成有关部门按照国家规定给予补偿。

第五章 监督检查

第三十一条 县级以上人民政府渔业行政主管部门应当会同有关部门建立健全渔业环境监测体系，加强渔业水域环境监测，保障渔业养殖与增殖水域生态安全。

县级以上人民政府环境保护行政主管部门和水行政主管部门应当依法加强入海和入湖河流水质的检测管理，采取有效措施，改善和提高入海和入湖河口的水环境质量。

第三十二条 省渔业行政主管部门应当依法组织有关专家，对可能影响水产品质量安全的潜在危害进行风险评估，并根据评估结果采取相应措施。

省渔业行政主管部门应当将水产品质量安全风险评估结果及时通报有关部门，并定期向社会公布水产品质量安全状况、渔业水域生态状况以及水产品病害、养殖容量等信息。

第三十三条 省质量技术监督部门应当会同省渔业行政主管部门根据全省渔业生产发展需要，制定有关渔业养殖与增殖的地方标准和技术规范。

销售的水产品必须符合水产品质量安全强制性标准；运输、销售水产品过程中，不得使用违禁药物。

有毒赤潮发生区域内的水产品，任何单位和个人不得擅自采捕和销售。

第三十四条 水产品生产单位以及从事水产品收购的单位和个人，应当按照国家和省有关规定对单体或者批次的水产品进行包装标识，标明品名、产地、生产者、生产日期、保质期和产品质量等级等内容。

禁止伪造或者冒用无公害水产品、绿色食品、有机水产品标识；严禁销售不合格水产品。

第三十五条 县级以上人民政府渔业行政主管部门应当加强水产品质量安全的监督检查工作。在监督检查中，可以对生产、销售的水产品进行现场检查，调查了解水产品质量安全的有关情况，查阅、复制与水产品质量安全有关的记录和其他资料；对经检测不符合水产品质量安全标准的水产品，有权查封、扣押，并可以责令生产者或者销售者召回其水产品。

县级以上人民政府渔业行政主管部门应当建立生产经营者违法行为记录制度，对违法行为的情况予以记录并公布。

第三十六条 县级以上人民政府渔业行政主管部门应当加强对渔用兽药使用和渔用兽药残留检测的监督检查工作，及时查处渔业养殖过程中的违法用药行为。

渔业行政主管部门在监督检查工作中发现违法生产、销售渔用兽药或者违法生产、销售、使用渔用饲料和饲料添加剂的，应当及时通知同级兽医行政管理部门，由兽医行政管理部门依法予以处理。

第三十七条 鼓励单位和个人对水产品质量安全进行社会监督。任何单位和个人都有权对渔业养殖与增殖活动中的违法行为进行检举、揭发和控告。有关部门收到检举、揭发和控告后，应当及时调查处理。

第六章 法律责任

第三十八条 违反本办法规定，擅自使用天然苗种进行养殖生产的，由渔业行政主管部门责令限期改正，给予警告，没收渔业苗种和水产品，并处以 1000 元以上 2 万元以下的罚款。

第三十九条 违反本办法规定，无兽药生产许可证、兽药经营许可证生产、经营渔用兽药的，或者虽有兽药生产许可证、兽药经营许可证，生产、经营假、劣渔用兽药的，由兽医行政管理部门责令其停止生产、经营，没收用于违法生产的原料、辅料、包装材料及生产、经营的渔用兽药和违法所得，并处以违法生产、经营的渔用兽药（包括已出售的和未出售的渔用兽药）货值金额 2 倍以上 5 倍以下的罚款；货值金额无法查证核实的，处以 10 万元以上 20 万元以下罚款；无兽药生产许可证生产渔用兽药，情节严重的，没收其生产设备。

生产、经营假、劣渔用兽药，情节严重的，由原许可机关吊销其兽药生产许可证、兽药经营许可证；构成犯罪的，依法追究刑事责任；给他人造成损失的，依法承担赔偿责任。生产、经营企业的主要负责人和直接负责的主管人员终身不得从事渔用兽药的生产、经营活动。

第四十条 违反本办法规定，单位或者个人有下列行为之一的，由渔业行政主管部门责令限期改正，给予警告，没收渔业苗种和水产品，并按下列规定处以罚款：

（一）使用外来物种、杂交种、转基因种和经检验检疫不合格的亲本或者苗种用于渔业增殖的，处以 2000 元以上 3 万元以下的罚款；

（二）擅自将用于养殖的渔业亲本、苗种或者成体投放到自然水域的，处以 2000 元以上 1 万元以下的罚款；（三）擅自采捕或者销售有毒赤潮发生区域内水产品的，处以 2000 元以上 1 万元以下的罚款。

第四十一条 违反本办法规定，使用有毒、有害或者其他可能污染水域环境的材料建设人工鱼礁的，由渔业行政主管部门责令限期改正，给予警告，处以 5000 元以上 3 万元以下的罚款。

第四十二条 渔业行政主管部门及其他有关部门的工作人员在渔业养殖与增殖监督管理工作中，玩忽职守、滥用职权、徇私舞弊的，由其所在单位或者上级主管部门给予处分；构成犯罪的，依法追究刑事责任。

第七章　附　则

第四十三条 本办法自 2008 年 10 月 10 日起施行。

远洋渔业管理规定

中华人民共和国农业部令

第27号

《远洋渔业管理规定》业经2003年4月14日农业部第8次常务会议审议通过，现予发布，自2003年6月1日起施行。

农业部部长

二〇〇三年四月十八日

第一章 总 则

第一条 为加强远洋渔业管理，维护国家和远洋渔业企业及从业人员的合法权益，保护和合理利用海洋渔业资源，促进远洋渔业的持续、健康发展，根据《中华人民共和国渔业法》及有关法律、行政法规，制定本规定。

第二条 本规定所称远洋渔业，是指中华人民共和国公民、法人和其他组织到公海和他国管辖海域从事海洋捕捞以及与之配套的加工、补给和产品运输等渔业活动，但不包括到黄海、东海和南海从事的渔业活动。

第三条 农业部主管全国远洋渔业工作，负责全国远洋渔业的规划、组织和管理，会同国务院其他有关部门对远洋渔业企业执行国家有关法规和政策的情况进行监督。

省级人民政府渔业行政主管部门负责本行政区域内远洋渔业的规划、组织和监督管理。

第四条 农业部对远洋渔业实行项目审批管理和企业资格认定制度，并依法对远洋渔业船舶和船员进行监督管理。

第二章 远洋渔业项目申请和审批

第五条 同时具备下列条件的企业，可以从事远洋渔业，申请开展远洋渔业项目：

（一）在我国工商行政管理部门登记，具有独立法人资格；

（二）拥有适合从事远洋渔业的合法渔业船舶；

（三）具有承担项目运营和意外风险的经济实力，资信良好；

（四）有熟知远洋渔业政策、相关法律规定、国外情况并具有3年以上远洋渔业生产及管理经验的专职经营管理人员。

（五）申请前的3年内没有被农业部取消远洋渔业企业资格的记录；企业主要负责人和项目负责人申请前的3年内没有在被农业部取消远洋渔业企业资格的企业担任主要负责人和项目负责人的记录。

第六条 符合本规定第五条条件的企业申请开展远洋渔业项目的，应当通过所在地省级人民政府渔业行政主管部门提出，经省级人民政府渔业行政主管部门审核同意后报农业部审批。中央直属企业直接报农业部审批。

第七条 申请远洋渔业项目时，应当报送以下材料：

（一）项目申请报告。申请报告应当包括企业基本情况和条件、项目组织和经营管理计划、已开展远洋渔业项目（如有）的情况等内容，同时填写《申请远洋渔业项目基本情况表》（见附表一）。

（二）企业营业执照复印件和银行资信证明。

（三）项目可行性研究报告。

（四）到他国专属经济区作业的，提供与外方的合作协议或他国政府主管部门同意入渔的证明、我驻项目所在国使（领）馆的意见；到公海作业的，填报《公海渔业捕捞许可证申请书》（见附表二）。

（五）拟派渔船所有权证书、登记（国籍）证书、远洋渔船检验证书（或勘验报告）原件和复印件（复印件由省级人民政府渔业行政主管部门审核无误并盖章确认后报农业部）。属制造、更新改造、购置或进口的专业远洋渔船，需同时提供农业部《渔业船网工具指标批准书》复印件；属非专业远洋渔船（具有国内有效渔业捕捞许可证转产从事远洋渔业的渔船），需同时提供国内《海洋渔业捕捞许可证》复印件；属进口渔船，需同时提供国家机电进出口办公室批准文件；属代理或租赁国内其他企业或个人的渔船，需同时报送本规定第八条规定的代理或租赁协议。

（六）农业部要求的其他材料。

第八条 申请项目企业代理或租赁非本企业所有国内渔船开展远洋渔业项目的，应当与被代理或租赁渔船的所有人签订协议，并在协议中明确承担项目经营、渔船和船员管理、渔事纠纷和事故处理等义务。

第九条 农业部收到符合本规定第七条要求的远洋渔业项目申请后，在15个工作日内做出是否批准的决定。特殊情况需要延长决定期限的，应当及时告知申请企业延长决定期限的理由。

经审查批准远洋渔业项目申请的，农业部书面通知申请项目企业及其所在地省级人民政府渔业行政主管部门，并抄送国务院其他有关部门。

从事公海捕捞作业的，农业部批准远洋渔业项目的同时，发给《公海渔业捕捞许可证》。

经审查不予批准远洋渔业项目申请的，农业部将决定及理由书面通知申请项目企业。

第十条 取得农业部远洋渔业项目批准后，企业持批准文件和其他有关材料，办理远洋渔业船舶和船员证书等有关手续。

到公海或他国管辖海域从事捕捞作业的非专业远洋渔船，出境前应当将《海洋渔业捕捞许可证》交回原发证机关暂存。

第十一条 到他国管辖海域从事捕捞作业的远洋渔业项目开始执行后，企业项目负责人应当持农业部远洋渔业项目批准文件到我驻外使（领）馆登记，接受使（领）馆的监督和指导。

第十二条 企业在项目执行期间，应当及时、准确地向所在地省级人民政府渔业行政主管部门报告下列情况，由省级人民政府渔业行政主管部门汇总后报农业部：

（一）渔船出（入）境情况。渔船出入境之日起5个工作日内提供海事部门出具的《国际航行船舶出口岸许可证》或《船舶进口岸手续办妥通知单》。

（二）投产各渔船渔获量、主要品种、产值等生产情况。除另有规定外，应当于每年1月10日、7月10日前分别报告前6个月情况，填报《远洋渔业项目生产情况表》（见附表三）。

（三）自捕水产品运回情况。按照海关总署和农业部《远洋渔业企业运回自捕水产品不征税的暂行管理办法》的要求报告。

（四）农业部或国际渔业管理组织要求报告的其他情况。

第十三条 远洋渔业项目执行过程中需要改变作业国家

（地区）或海域、作业类型、入渔方式或渔船数量（包括更换渔船）的，应当提供本规定第七条规定的与变更内容有关的材料，按照本规定第六条规定的程序事先报农业部批准。其中改变作业国家（地区）或海域的，除提供第七条第（四）款规定的材料外，还应当提供我驻原项目所在国使（领）馆的意见。

第十四条 项目中止或执行完毕后，远洋渔业企业应当及时向省级人民政府渔业行政主管部门和农业部报告，并于30日内提交项目执行情况总结。

第三章 远洋渔业企业资格认定和项目确认

第十五条 对于已获农业部批准并开始实施远洋渔业项目的企业，其生产经营情况正常，认真遵守有关法律、法规和本规定，未发生严重违规事件的，农业部授予其远洋渔业企业资格，并颁发《农业部远洋渔业企业资格证书》。

取得《农业部远洋渔业企业资格证书》的企业，可以根据有关规定享受国家对远洋渔业的扶持性政策。

第十六条 农业部对远洋渔业企业资格实行年审换证制度，对远洋渔业项目实行年审确认制度。

申请年审的远洋渔业企业应当于每年1月15日以前向所在地省级人民政府渔业行政主管部门报送下列材料：

（一）上年度远洋渔业项目执行情况报告；

(二)《远洋渔业企业资格和项目年审登记表》(见附表四);

(三)《农业部远洋渔业企业资格证书》复印件;

(四) 渔船出 (入) 境情况及证明，有效的渔业船舶所有权证书、国籍证书和检验证书复印件，公安边防机关出具的渔船和船员边防检查材料。

省级人民政府渔业行政主管部门应当于 1 月 31 日前将审核意见和有关材料报农业部。

农业部于 3 月 31 日前将远洋渔业企业资格审查和远洋渔业项目确认结果书面通知省级人民政府渔业行政主管部门、有关企业和国务院有关部门。对审查合格的企业，换发当年度《农业部远洋渔业企业资格证书》。

第四章　远洋渔业船舶和船员

第十七条　远洋渔船应当经渔业船舶检验部门技术检验合格、渔港监督部门依法登记，取得相关证书，符合我国法律、法规和有关国际条约的管理规定。

不得使用超过报废船龄或未取得相关证书的渔船从事远洋渔业生产。

第十八条　制造、更新改造、购置、进口远洋捕捞渔船，应当根据《渔业捕捞许可管理规定》事先报农业部审批。

远洋渔船所有权变更为他国公民或企业所有的，应当按

《中华人民共和国渔业船舶登记办法》的有关规定，事先办理渔船所有权注销登记。远洋渔业企业应当将渔船所有权注销登记证书复印件报农业部备案。

第十九条 远洋渔船应当随船携带有关证书，按规定悬挂旗帜。

到公海作业的远洋渔船，应当具有中华人民共和国国籍，悬挂中华人民共和国国旗，按照农业部远洋渔业项目批准文件和《公海渔业捕捞许可证》限定的作业场所、类型和时限作业，遵守我国缔结或者参加的国际条约、协定。

在他国管辖海域作业的远洋渔船，应当遵守我国与该国签订的渔业协议及该国的法律法规。

专业远洋渔船不得在我国管辖海域从事渔业生产。

第二十条 远洋渔船应当填写《中华人民共和国渔捞日志》（见农业部《渔业捕捞许可管理规定》附件 4），并接受渔业行政主管部门的监督检查。

第二十一条 远洋渔业船员应当经农业部审定合格的专业培训机构培训，经农业部授权的渔政渔港监督管理机构考试合格，取得《中华人民共和国渔业船舶职务船员适任证书》（以下简称“职务船员证书”）和《中华人民共和国渔业船员专业训练合格证》（以下简称“专业训练合格证”），并具有 1 年以上海洋捕捞经历。

远洋渔业船员、远洋渔业企业及项目负责人和经营管理人员应当学习国际渔业法律法规和涉外知识，参加渔业行政主管部门或其委托机构组织的培训。

第二十二条 远洋渔业企业应当与其聘用的远洋渔业船员或远洋渔业船员所在单位直接签订合同，为远洋渔业船员办理有关保险，按时发放工资，保障远洋渔业船员的合法权益，不得向远洋渔业船员收取不合理费用。

远洋渔业企业不得聘用未取得“职务船员证书”和“专业训练合格证”的人员作为远洋渔业船员，聘用的远洋渔业船员不得超过农业部远洋渔业项目批准文件核定的船员数。

第二十三条 远洋渔业企业应当凭农业部远洋渔业项目批准文件、远洋渔业船员聘用合同、远洋渔业船员“职务船员证书”和“专业训练合格证”、远洋渔业船员政审等材料，为远洋渔业船员办理海员证。

第二十四条 远洋渔业企业应当在远洋渔业船员出境前对其进行外事纪律和法律知识教育。

远洋渔业船员在境外应当遵守所在国法律、法规和有关国际条约、协定的规定，尊重当地的风俗习惯。

第五章 监督管理

第二十五条 远洋渔业企业的法定代表人和远洋渔业项目的主要负责人，应当对远洋渔业项目的执行、经营管理、渔船的活动和船员的行为负责，并承担相应的法律责任。

第二十六条 农业部根据管理需要对远洋渔船进行船位

和渔获情况监测。远洋渔船应当根据农业部制定的监测计划安装渔船监测系统（VMS），并配备持有技术培训合格证的船员，保障系统正常工作，及时、准确提供真实信息。

农业部可根据有关国际组织的要求或管理需要向远洋渔船派遣政府观察员。远洋渔业企业和渔船有义务接纳观察员，承担有关费用，为观察员的工作、生活提供协助和方便。

第二十七条 两个以上远洋渔业企业在同一国家（地区）或海域作业，或从事同品种、同类型作业，应当建立企业自我协调和自律机制，接受行业协会的指导，配合政府有关部门进行协调和管理。

第二十八条 远洋渔业企业、渔船和船员在国外发生涉外事件时，应当立即如实向农业部、企业所在地省级人民政府渔业行政主管部门和有关驻外使（领）馆报告，省级人民政府渔业行政主管部门接到报告后，应当立即核实情况，并提出处理意见报农业部和本省级人民政府，由农业部协调提出正式处理意见通知驻外使领馆。对海难和重大涉外事件需要国家紧急救助和对外交涉的，由农业部协调提出正式处理意见，商外交部通知驻外使领馆进行外交交涉。

远洋渔业企业和所在地各级人民政府渔业行政主管部门应当认真负责、迅速、妥善处理涉外事件。

第二十九条 远洋渔业企业、渔船或船员有下列违法行为的，由省级以上人民政府渔业行政主管部门或其所属的渔政渔港监督管理机构根据《中华人民共和国渔业法》和有关法律、法规予以处罚。对已经取得农业部远洋渔业企业资格的企业，农业部视情节轻重和影响大小，暂停或取消其远洋渔业企业资格。

（一）未经农业部批准擅自从事远洋渔业生产，或未取得《公海渔业捕捞许可证》从事公海捕捞生产的；

（二）申报或实施远洋渔业项目时隐瞒真相、弄虚作假的；

（三）不按农业部批准的或《公海渔业捕捞许可证》规定的作业类型、场所、时限生产，或使用禁用的渔具、渔法进行捕捞，或非法捕捞珍稀水生野生动物的；

（四）远洋渔船未取得有效的检验、登记和其他船舶证书，或不符合远洋渔船的有关规定的；

（五）违反本规定招聘或派出远洋渔业船员的；

（六）妨碍或拒绝渔业行政主管部门监督管理的；

（七）不按规定报告情况和提供信息，或故意报告和提供不真实情况和信息的；

（八）拒绝接纳农业部派出的观察员或妨碍其正常工作的；

（九）不按规定填报《渔捞日志》的；

（十）发生涉外违规事件，造成严重不良影响的；

（十一）依法应予处罚的其他行为。

第三十条 被暂停农业部远洋渔业企业资格的企业，整改后经省级人民政府渔业行政主管部门和农业部审查合格的，可自暂停之日起一年后恢复其远洋渔业企业资格。整改期过后经审查仍不合格的，取消其农业部远洋渔业企业资格。

第三十一条 当事人对渔业行政处罚有异议的，可按《中华人民共和国行政复议法》和《中华人民共和国行政诉讼法》的有关规定申请行政复议或提起行政诉讼。

第三十二条 各级渔业行政主管部门工作人员有不履行法定义务、玩忽职守、徇私舞弊等行为，尚不构成犯罪的，由所在单位或上级主管机关予以行政处分。

第六章 附 则

第三十三条 本规定所称远洋渔船是指中华人民共和国公民、法人或其他组织所有并从事远洋渔业活动的渔业船舶；远洋渔业船员是指在远洋渔船上工作的所有船员，包括职务船员。

本规定所称省级人民政府渔业行政主管部门包括计划单列市人民政府渔业行政主管部门。

第三十四条 本规定自 2003 年 6 月 1 日起施行。农业部 1998 年 3 月 3 日发布的《农业部远洋渔业企业资格管理规定》和 1999 年 7 月 20 日发布的《远洋渔业管理暂行规定》同时废止。

附表一：申请远洋渔业项目基本情况表（略）

附表二：公海渔业捕捞许可证申请书（略）

附表三：远洋渔业项目生产情况表（略）

附表四：农业部远洋渔业企业资格和项目年审登记表（略）

附　录

渔业航标管理办法

中华人民共和国农业部令

第13号

《渔业航标管理办法》已经2008年4月3日农业部第4次常务会议审议通过，现予发布，自2008年6月1日起施行。

农业部部长

二〇〇八年四月十日

第一条　为了加强渔业航标的管理和保护，保障船舶航行与作业安全，根据《中华人民共和国海上交通安全法》、《中华人民共和国航标条例》等法律法规，制定本办法。

第二条　渔业航标的规划、设置、维护和管理，适用本办法。

本办法所称渔业航标，是指在渔港、进出港航道和渔业水域主要供渔业船舶定位、导航或者用于其他专用目的的助航设施，包括视觉渔业航标、无线电导航设施和音响渔业航标。

第三条 农业部主管全国渔业航标管理和保护工作。

国家渔政渔港监督管理机构具体负责全国渔业航标的管理和保护工作。地方渔政渔港监督管理机构负责本行政区域内渔业航标的管理和保护工作。

农业部、国家渔政渔港监督管理机构和地方渔政渔港监督管理机构统称渔业航标管理机关。

第四条 渔业航标管理机关应当加强渔业航标管理人员的业务培训工作，不断提高管理水平。

第五条 国家渔政渔港监督管理机构负责组织编制、修订和调整全国渔业航标总体规划，报农业部批准。

地方渔业航标管理机关根据需要编制本地渔业航标规划，经省级渔业航标管理机关批准后报国家渔政渔港监督管理机构备案。

地方渔业航标规划应当符合全国渔业航标总体规划的要求。

第六条 渔港水域的渔业航标规划与建设，应当纳入渔港总体规划并与渔港建设同步进行，保证按期投入使用。

第七条 渔业航标由所在地渔业航标管理机关依照规划设置。

因航行安全确需对设置的渔业航标进行调整，已列入全国渔业航标总体规划的，应当报农业部批准；未列入全国渔业航标总体规划的，应当报省级渔业航标管理机关批准。

第八条 经渔业航标管理机关同意，专业单位可以在渔港水域和其他渔业水域设置自用的专用航标。撤除、移动位置或变更专用航标其他状况的，设置单位应当报渔业航标管理机关批准。

设置专用航标，专业单位应当向所在地渔业航标管理机关提出申请，并提交下列书面材料：

（一）专业单位法人营业执照复印件；

（二）航标的设置方案及可行性报告；

（三）航标种类、灯质和设置地点；

（四）标体设计和位置图；

（五）经费预算及来源；

（六）渔业航标管理机关要求的其他材料。

撤除、移动位置或变更专用航标其他状况的，专业单位应当向所在地渔业航标管理机关提供变更原因的说明材料及原专用航标批准设置文件的复印件。

第九条 渔业航标管理机关应当自受理申请之日起 20 日内作出是否批准的决定。不予批准的，书面通知当事人并说明理由。

第十条 渔业航标管理机关应当加强对专业单位设置、变更专用航标的指导和监督，并及时将专用航标的设置和变更情况报省级渔业航标管理机关备案。

第十一条 渔业航标管理机关设置的渔业航标和专业单位设置的专用航标，应当符合国家有关规定和技术标准。

第十二条 渔业航标管理机关应当及时向有关部门通报渔业航标的设置、撤除或位置移动及其他变更情况。

第十三条 渔业航标管理机关应当建立渔业航标管理档案，内容包括渔业航标设置、改造、维护与管理情况及有关批准文件、技术资料、图纸、维修项目和航行通告等。

第十四条 渔业航标管理机关应当制定渔业航标维护保养计划，定期对渔业航标进行维护保养。

专业单位设置的专用航标，由设置单位负责维护保养。

第十五条 渔业航标初次使用、停用、发生故障或功能改变，所在地渔业航标管理机关应当及时发布航行通告，同时上报省级渔业航标管理机关，以保障船舶航行安全。

第十六条 任何单位或个人发现渔业航标损坏、失常、移位、漂失的，应当及时向所在地渔业航标管理机关报告。

第十七条 任何单位和个人不得在渔业航标附近设置影响渔业航标工作效能的灯光或者其他装置。

第十八条 在视觉渔业航标的通视方向或者无线电导航设施的发射方向，不得构筑影响渔业航标正常工作效能的建筑物、构筑物，不得种植影响渔业航标正常工作效能的植物。

第十九条 因航道改变、被遮挡、背景等原因影响渔业航标导航功能的，渔业航标管理机关应当及时清除影响，必要时应当撤销另设，以保证其正常导航功能。

第二十条 船舶航行、作业或停泊时，应当与渔业航标保持安全距离，避免对渔业航标造成损害。

船舶触碰渔业航标，应当立即向所在地渔业航标管理机关报告。必要时，船舶所有人或经营人应当及时设置临时性渔业助航标志。

第二十一条 进行渔港建设或其他施工作业，需移动或者拆迁渔业航标的，应当经渔业航标管理机关同意，并采取替补措施后，方可移动或拆迁。移动、拆迁费用由工程建设单位承担。

依照前款规定移动或者拆迁渔业航标的，施工单位应当向渔业航标管理机关提交下列书面资料：

（一）施工单位法人营业执照复印件；

（二）渔业航标移动或者拆迁方案及可行性报告；

（三）移动或者拆迁位置图；

（四）临时性渔业助航标志设置方案；

（五）渔业航标管理机关要求的其他材料。

渔业航标管理机关应当自受理申请之日起 20 日内作出是否批准的决定，并及时将渔业航标的移动、拆迁和重建情况报省级渔业航标管理机关备案。

第二十二条 在渔港及其航道和其他渔业水域因沉船、沉物导致航行障碍，碍航物所有人或经营人应当立即将碍航物的名称、形状、尺寸、位置、深度等情况准确报告所在地渔业航标管理机关，并设置规定的临时标志或者采取其他应急措施。

碍航物所有人或经营人未采取前款规定措施的，渔业航标管理机关发现后应当立即设置临时标志或者采取其他应急措施，所需费用由碍航物所有人或经营人承担。

第二十三条 禁止下列危害和损坏渔业航标的行为：

（一）盗窃、哄抢或者以其他方式非法侵占渔业航标及其器材；

（二）非法移动、攀登或者涂抹渔业航标；

（三）向渔业航标射击或者投掷物品；

（四）在渔业航标上攀架物品，拴系牲畜、船只、渔业捕捞器具、爆炸物品等；

（五）损坏渔业航标的其他行为。

第二十四条 禁止破坏渔业航标辅助设施的行为。

前款所称渔业航标辅助设施，是指为渔业航标及其管理人员提供能源、水和其他所需物资而设置的各类设施。

第二十五条 禁止下列影响渔业航标工作效能的行为：

（一）在渔业航标周围 20 米内或者在埋有渔业航标地下管道、线路的地面钻孔、挖坑、采掘土石、堆放物品或者进行明火作业；

（二）在渔业航标周围 150 米内进行爆破作业；

（三）在渔业航标周围 500 米内烧荒；

（四）在无线电导航设施附近设置、使用影响导航设施工作效能的高频电磁幅射装置、设备；

（五）在渔业航标架空线路上附挂其他电力、通信线路；

（六）在渔业航标周围抛锚、拖锚、捕鱼或者养殖水生生物；

（七）影响渔业航标工作效能的其他行为。

第二十六条 对有下列行为之一的单位和个人，由渔业航标管理机关给予奖励：

（一）检举、控告危害渔业航标的行为，对破案有功的；

（二）及时制止危害渔业航标的行为，防止事故发生或者减少损失的；

（三）捞获水上漂流渔业航标，主动送交渔业航标管理机关的。

第二十七条 违反本办法第二十二条第一款的规定，不履行报告义务的，由渔业航标管理机关给予警告，可并处2000元以下的罚款。

其他违反本办法规定的行为，由渔业航标管理机关依照《中华人民共和国航标条例》等法律法规的有关规定进行处罚。

第二十八条 本办法自2008年6月1日起施行。

中华人民共和国渔业船员管理办法

中华人民共和国农业部令

2014年第4号

《中华人民共和国渔业船员管理办法》已经2014年5月4日农业部第4次常务会议审议通过，现予公布，自2015年1月1日起施行。农业部1994年8月18日公布的《内河渔业船舶船员考试发证规则》、1998年3月2日公布的《中华人民共和国渔业船舶普通船员专业基础训练考核发证办法》、2006年3月27日公布的《中华人民共和国海洋渔业船员发证规定》同时废止。

农业部部长

2014年5月23日

第一章　总　则

第一条　为加强渔业船员管理，维护渔业船员合法权益，保障渔业船舶及船上人员的生命财产安全，根据《中华人民共和国船员条例》，制定本办法。

第二条　本办法适用于在中华人民共和国国籍渔业船舶上工作的渔业船员的管理。

第三条　农业部负责全国渔业船员管理工作。

县级以上地方人民政府渔业行政主管部门及其所属的渔政渔港监督管理机构，依照各自职责负责渔业船员管理工作。

第二章　渔业船员任职和发证

第四条　渔业船员实行持证上岗制度。渔业船员应当按照本办法的规定接受培训，经考试或考核合格、取得相应的渔业船员证书后，方可在渔业船舶上工作。

在远洋渔业船舶上工作的中国籍船员，还应当按照有关规定取得中华人民共和国海员证。

第五条　渔业船员分为职务船员和普通船员。

职务船员是负责船舶管理的人员，包括以下五类：

（一）驾驶人员，职级包括船长、船副、助理船副；

（二）轮机人员，职级包括轮机长、管轮、助理管轮；

（三）机驾长；

（四）电机员；

（五）无线电操作员。

职务船员证书分为海洋渔业职务船员证书和内陆渔业职务船员证书。

普通船员是职务船员以外的其他船员。普通船员证书分为海洋渔业普通船员证书和内陆渔业普通船员证书。

第六条 渔业船员培训包括基本安全培训、职务船员培训和其他培训。

基本安全培训是指渔业船员都应当接受的任职培训，包括水上求生、船舶消防、急救、应急措施、防止水域污染、渔业安全生产操作规程等内容。

职务船员培训是指职务船员应当接受的任职培训，包括拟任岗位所需的专业技术知识、专业技能和法律法规等内容。

其他培训是指远洋渔业专项培训和其他与渔业船舶安全和渔业生产相关的技术、技能、知识、法律法规等培训。

第七条 申请渔业普通船员证书应当具备以下条件：

（一）年满16周岁；

（二）符合渔业船员健康标准；

（三）经过基本安全培训。

符合以上条件的，由申请者向渔政渔港监督管理机构提出书面申请。渔政渔港监督管理机构应当组织考试或考核，对考试或考核合格的，自考试成绩或考核结果公布之日起10个工作日内发放渔业普通船员证书。

第八条 申请渔业职务船员证书应当具备以下条件：

（一）持有渔业普通船员证书或下一级相应职务船员证书；

（二）年龄不超过60周岁，对船舶长度不足12米或者主机总功率不足50千瓦渔业船舶的职务船员，年龄资格上限可由发证机关根据申请者身体健康状况适当放宽；

（三）符合任职岗位健康条件要求；

（四）具备相应的任职资历条件，且任职表现和安全记录良好；

（五）完成相应的职务船员培训，在远洋渔业船舶上工作的驾驶和轮机人员，还应当接受远洋渔业专项培训。

符合以上条件的，由申请者向渔政渔港监督管理机构提出书面申请。渔政渔港监督管理机构应当组织考试或考核，对考试或考核合格的，自考试成绩或考核结果公布之日起10个工作日内发放相应的渔业职务船员证书。

第九条 航海、海洋渔业、轮机管理、机电、船舶通信等专业的院校毕业生申请渔业职务船员证书，具备本办法第八条规定的健康及任职资历条件的，可申请考核。经考核合格，按以下规定分别发放相应的渔业职务船员证书：

（一）高等院校本科毕业生按其所学专业签发一级船副、

一级管轮、电机员、无线电操作员证书；

（二）高等院校专科（含高职）毕业生按其所学专业签发二级船副、二级管轮、电机员、无线电操作员证书；

（三）中等专业学校毕业生按其所学专业签发助理船副、助理管轮、电机员、无线电操作员证书。

内陆渔业船舶接收相应专业毕业生任职的，参照前款规定执行。

第十条 曾在军用船舶、交通运输船舶等非渔业船舶上任职的船员申请渔业船员证书，应当参加考核。经考核合格，由渔政渔港监督管理机构换发相应的渔业普通船员证书或渔业职务船员证书。

第十一条 申请海洋渔业船舶一级驾驶人员、一级轮机人员、电机员、无线电操作员证书以及远洋渔业职务船员证书的，由省级以上渔政渔港监督管理机构组织考试、考核、发证；其他渔业船员证书的考试、考核、发证权限由省级渔政渔港监督管理机构制定并公布，报农业部备案。

中央在京直属企业所属远洋渔业船员的考试、考核、发证工作由农业部负责。

第十二条 渔业船员考试包括理论考试和实操评估。海洋渔业船员考试大纲由农业部统一制定并公布。内陆渔业船员考试大纲由省级渔政渔港监督管理机构根据本辖区的具体情况制定并公布。

渔业船员考核可由渔政渔港监督管理机构根据实际需要

和考试大纲，选取适当科目和内容进行。

第十三条 渔业船员证书的有效期不超过5年。证书有效期满，持证人需要继续从事相应工作的，应当向有相应管理权限的渔政渔港监督管理机构申请换发证书。渔政渔港监督管理机构可以根据实际需要和职务知识技能更新情况组织考核，对考核合格的，换发相应渔业船员证书。

渔业船员证书期满5年后，持证人需要从事渔业船员工作的，应当重新申请原等级原职级证书。

第十四条 有效期内的渔业船员证书损坏或丢失的，应当凭损坏的证书原件或在原发证机关所在地报纸刊登的遗失声明，向原发证机关申请补发。补发的渔业船员证书有效期应当与原证书有效期一致。

第十五条 渔业船员证书格式由农业部统一制定。远洋渔业职务船员证书由农业部印制；其他渔业船员证书由省级渔政渔港监督管理机构印制。

第十六条 禁止伪造、变造、转让渔业船员证书。

第三章　渔业船员配员和职责

第十七条 海洋渔业船舶应当满足本办法规定的职务船员最低配员标准。内陆渔业船舶船员最低配员标准由各省级人民政府渔业行政主管部门根据本地情况制定，报农业部备案。

持有高等级职级船员证书的船员可以担任低等级职级船员职务。

渔业船舶所有人或经营人可以根据作业安全和管理的需要，增加职务船员的配员。

第十八条 渔业船舶在境外遇有不可抗力或其他持证人不能履行职务的特殊情况，导致无法满足本办法规定的职务船员最低配员标准时，具备以下条件的船员，可以由船舶所有人或经营人向船籍港所在地省级渔政渔港监督管理机构申请临时担任上一职级职务：

（一）持有下一职级相应证书；

（二）申请之日前5年内，具有6个月以上不低于其船员证书所记载船舶、水域、职务的任职资历；

（三）任职表现和安全记录良好。

渔政渔港监督管理机构根据拟担任上一级职务船员的任职情况签发特免证明。特免证明有效期不得超过6个月，不得延期，不得连续申请。渔业船舶抵达中国第一个港口后，特免证明自动失效。失效的特免证明应当及时缴回签发机构。

一艘渔业船舶上同时持有特免证明的船员不得超过2人。

第十九条 中国籍渔业船舶的船员应当由中国籍公民担任。确需由外国籍公民担任的，应当持有所属国政府签发的相关身份证件，在我国依法取得就业许可，并按本办法的规定取得渔业船员证书。持有《1995年国际渔业船舶船员培训、发证和值班标准公约》缔约国签发的外国职务船员证书的，应当按照国家有关规定取得承认签证。承认签证的有效期不得超过被承认职务船员证书的有效期，当被承认职务船员证书失效时，相应的承认签证自动失效。

外国籍船员不得担任驾驶人员和无线电操作员，人数不得超过船员总数的30%。

第二十条 渔业船舶所有人或经营人应当为在渔业船舶上工作的渔业船员建立基本信息档案，并报船籍港所在地渔政渔港监督管理机构或渔政渔港监督管理机构委托的服务机构备案。

渔业船员变更的，渔业船舶所有人或经营人应当在出港前10个工作日内报船籍港所在地渔政渔港监督管理机构或渔政渔港监督管理机构委托的服务机构备案，并及时变更渔业船员基本信息档案。

第二十一条 渔业船员在船工作期间，应当履行以下职责：

（一）携带有效的渔业船员证书；

（二）遵守法律法规和安全生产管理规定，遵守渔业生产作业及防治船舶污染操作规程；

（三）执行渔业船舶上的管理制度、值班规定；

（四）服从船长及上级职务船员在其职权范围内发布的命令；

（五）参加渔业船舶应急训练、演习，落实各项应急预防措施；

（六）及时报告发现的险情、事故或者影响航行、作业安全的情况；

（七）在不严重危及自身安全的情况下，尽力救助遇险人员；

（八）不得利用渔业船舶私载、超载人员和货物，不得携带违禁物品；

（九）不得在生产航次中辞职或者擅自离职。

第二十二条 渔业船员在船舶航行、作业、锚泊时应当按照规定值班。值班船员应当履行以下职责：

（一）熟悉并掌握船舶的航行与作业环境、航行与导航设施设备的配备和使用、船舶的操控性能、本船及邻近船舶使用的渔具特性，随时核查船舶的航向、船位、船速及作业状态；

（二）按照有关的船舶避碰规则以及航行、作业环境要求保持值班瞭望，并及时采取预防船舶碰撞和污染的相应措施；

（三）如实填写有关船舶法定文书；

（四）在确保航行与作业安全的前提下交接班。

第二十三条 船长是渔业安全生产的直接责任人，在组织开展渔业生产、保障水上人身与财产安全、防治渔业船舶污染水域和处置突发事件方面，具有独立决定权，并履行以下职责：

（一）确保渔业船舶和船员携带符合法定要求的证书、文书以及有关航行资料；

（二）确保渔业船舶和船员在开航时处于适航、适任状态，保证渔业船舶符合最低配员标准，保证渔业船舶的正常值班；

（三）服从渔政渔港监督管理机构依据职责对渔港水域交通安全和渔业生产秩序的管理，执行有关水上交通安全、渔业资源养护和防治船舶污染等规定；

（四）确保渔业船舶依法进行渔业生产，正确合法使用渔具渔法，在船人员遵守相关资源养护法律法规，按规定填写渔捞日志，并按规定开启和使用安全通导设备；

（五）在渔业船员证书内如实记载渔业船员的服务资历和任职表现；

（六）按规定申请办理渔业船舶进出港签证手续；

（七）发生水上安全交通事故、污染事故、涉外事件、公海登临和港口国检查时，应当立即向渔政渔港监督管理机构报告，并在规定的时间内提交书面报告；

（八）全力保障在船人员安全，发生水上安全事故危及船上人员或财产安全时，应当组织船员尽力施救；

（九）弃船时，船长应当最后离船，并尽力抢救渔捞日志、轮机日志、油类记录簿等文件和物品；

（十）在不严重危及自身船舶和人员安全的情况下，尽力履行水上救助义务。

第二十四条 船长履行职责时，可以行使下列权力：

（一）当渔业船舶不具备安全航行条件时，拒绝开航或者续航；

（二）对渔业船舶所有人或经营人下达的违法指令，或者可能危及船员、财产或船舶安全，以及造成渔业资源破坏和水域环境污染的指令，可以拒绝执行；

（三）当渔业船舶遇险并严重危及船上人员的生命安全时，决定船上人员撤离渔业船舶；

（四）在渔业船舶的沉没、毁灭不可避免的情况下，报经渔业船舶所有人或经营人同意后弃船，紧急情况除外；

（五）责令不称职的船员离岗。

船长在其职权范围内发布的命令，船舶上所有人员必须执行。

第四章 渔业船员培训和服务

第二十五条 渔业船员培训机构开展培训业务，应当具备开展相应培训所需的场地、设施、设备和教学人员条件。

第二十六条 海洋渔业船员培训机构分为以下三级，应当具备的具体条件由农业部另行规定：

一级渔业船员培训机构，可以承担海洋渔业船舶各类各级职务船员培训、远洋渔业专项培训和基本安全培训；

二级渔业船员培训机构，可以承担海洋渔业船舶二级以下驾驶和轮机人员培训、机驾长培训和基本安全培训；

三级渔业船员培训机构，可以承担海洋渔业船舶机驾长培训和基本安全培训。

内陆渔业船员培训机构应当具备的具体条件，由省级人民政府渔业行政主管部门根据渔业船员管理需要制定。

第二十七条 渔业船员培训机构应当在每期培训班开班前，将学员名册、培训内容和教学计划报所在地渔政渔港监督管理机构备案。

第二十八条 渔业船员培训机构应当建立渔业船员培训档案。学员参加培训课时达到规定培训课时80%的，渔业船员培训机构方可出具渔业船员培训证明。

第二十九条 国家鼓励建立渔业船员服务机构。

渔业船员服务机构可以为渔业船员代理申请考试、申领证书等有关手续，代理船舶所有人或经营人管理渔业船员事务，提供渔业船员船舶配员等服务。

渔业船员服务机构为船员提供服务，应当订立书面合同。

第五章 渔业船员职业管理与保障

第三十条 渔业船舶所有人或经营人应当依法与渔业船员订立劳动合同。

渔业船舶所有人或经营人,，不得招用未持有相应有效渔业船员证书的人员上船工作。

第三十一条 渔业船舶所有人或经营人应当依法为渔业船员办理保险。

第三十二条 渔业船舶所有人或经营人应当保障渔业船员的生活和工作场所符合《渔业船舶法定检验规则》对船员生活环境、作业安全和防护的要求，并为船员提供必要的船上生活用品、防护用品、医疗用品，建立船员健康档案，为船员定期进行健康检查和心理辅导，防治职业疾病。

第三十三条 渔业船员在船上工作期间受伤或者患病的，渔业船舶所有人或经营人应当及时给予救治；渔业船员失踪或者死亡的，渔业船舶所有人或经营人应当及时做好善后工作。

第三十四条 渔业船舶所有人或经营人是渔业安全生产的第一责任人，应当保证安全生产所需的资金投入，建立健全安全生产责任制，按照规定配备船员和安全设备，确保渔业船舶符合安全适航条件，并保证船员足够的休息时间。

第六章 监督管理

第三十五条 渔政渔港监督管理机构应当健全渔业船员管理及监督检查制度，建立渔业船员档案，督促渔业船舶所有人或经营人完善船员安全保障制度，落实相应的保障措施。

第三十六条 渔政渔港监督管理机构应当依法对渔业船

员持证情况、任职资格和资历、履职情况、安全记录，船员培训机构培训质量，船员服务机构诚实守信情况等进行监督检查，必要时可对船员进行现场考核。

渔政渔港监督管理机构依法实施监督检查时，船员、渔业船舶所有人和经营人、船员培训机构和服务机构应当予以配合，如实提供证书、材料及相关情况。

第三十七条 渔业船员违反有关法律、法规、规章的，除依法给予行政处罚外，各省级人民政府渔业行政主管部门可根据本地实际情况实行累计记分制度。

第三十八条 渔政渔港监督管理机构应当对渔业船员培训机构的条件、培训情况、培训质量等进行监督检查，检查内容包括教学计划的执行情况、承担本期培训教学任务的师资情况和教学情况、培训设施设备和教材的使用及补充情况、培训规模与师资配备要求的符合情况、学员的出勤情况、培训档案等。

第三十九条 渔政渔港监督管理机构应当公开有关渔业船员管理的事项、办事程序、举报电话号码、通信地址、电子邮件信箱等信息，自觉接受社会的监督。

第七章　罚　则

第四十条 违反本办法规定，以欺骗、贿赂等不正当手段取得渔业船员证书的，由渔政渔港监督管理机构撤销有关证书，可并处 2000 元以上 1 万元以下罚款，三年内不再受理申请人渔业船员证书申请。

第四十一条 伪造、变造、转让渔业船员证书的，由渔政渔港监督管理机构收缴有关证书，并处 2000 元以上 5 万元以下罚款；有违法所得的，没收违法所得；构成犯罪的，依法追究刑事责任。

第四十二条 渔业船员违反本办法第二十一条第一项至第五项的规定的，由渔政渔港监督管理机构予以警告；情节严重的，处 200 元以上 2000 元以下罚款。

第四十三条 渔业船员违反本办法第二十一条第六项至第九项和第二十二条规定的，由渔政渔港监督管理机构处 1000 元以上 2 万元以下罚款；情节严重的，并可暂扣渔业船员证书 6 个月以上 2 年以下；情节特别严重的，并可吊销渔业船员证书。

第四十四条 渔业船舶的船长违反本办法第二十三条规定的，由渔政渔港监督管理机构处 2000 元以上 2 万元以下罚款；情节严重的，并可暂扣渔业船舶船长职务船员证书 6 个月以上 2 年以下；情节特别严重的，并可吊销渔业船舶船长职务船员证书。

第四十五条 渔业船员因违规造成责任事故的，暂扣渔业船员证书 6 个月以上 2 年以下；情节严重的，吊销渔业船员证书；构成犯罪的，依法追究刑事责任。

第四十六条 渔业船员证书被吊销的，自被吊销之日起

5年内，不得申请渔业船员证书。

第四十七条 渔业船舶所有人或经营人有下列行为之一的，由渔政渔港监督管理机构责令改正；拒不改正的，处5000元以上5万元以下罚款：

（一）未按规定配齐渔业职务船员，或招用未取得本办法规定证件的人员在渔业船舶上工作的；

（二）渔业船员在渔业船舶上生活和工作的场所不符合相关要求的；

（三）渔业船员在船工作期间患病或者受伤，未及时给予救助的。

第四十八条 渔业船员培训机构有下列情形之一的，由渔政渔港监督管理机构给予警告，责令改正；拒不改正或者再次出现同类违法行为的，可处2万元以上5万元以下罚款：

（一）不具备规定条件开展渔业船员培训的；

（二）未按规定的渔业船员考试大纲内容要求进行培训的；

（三）未按规定出具培训证明的；

（四）出具虚假培训证明的。

第四十九条 渔业行政主管部门或渔政渔港监督管理机构工作人员有下列情形之一的，依法给予处分：

（一）违反规定发放渔业船员证书的；

（二）不依法履行监督检查职责的；

（三）滥用职权、玩忽职守的其他行为。

第八章 附 则

第五十条 本办法中下列用语的含义是：

渔业船员，是指服务于渔业船舶，具有固定工作岗位的人员。

船舶长度，是指公约船长，即《渔业船舶国籍证书》所登记的“船长”。

主机总功率，是指所有用于推进的发动机持续功率总和，即《渔业船舶国籍证书》所登记“主机总功率”。

第五十一条 非机动渔业船舶的船员管理办法，由各省级人民政府渔业行政主管部门根据本地实际情况制定。

第五十二条 渔业船员培训、考试、发证，应当按国家有关规定缴纳相关费用。

第五十三条 本办法自2015年1月1日起施行。农业部1994年8月18日公布的《内河渔业船舶船员考试发证规则》、1998年3月2日公布的《中华人民共和国渔业船舶普通船员专业基础训练考核发证办法》、2006年3月27日公布的《中华人民共和国海洋渔业船员发证规定》同时废止。

附件：1. 渔业职务船员证书等级划分；

2. 渔业船员健康标准；

3. 渔业职务船员证书申请资历条件；

4. 海洋渔业船舶职务船员最低配员标准。

附件1：

渔业职务船员证书等级划分

一、海洋渔业职务船员证书等级

（一）驾驶人员证书

1. 一级证书：适用于船舶长度45米以上的渔业船舶，包括一级船长证书、一级船副证书；

2. 二级证书：适用于船舶长度24米以上不足45米的渔业船舶，包括二级船长证书、二级船副证书；

3. 三级证书：适用于船舶长度12米以上不足24米的渔业船舶，包括三级船长证书；

4. 助理船副证书：适用于所有渔业船舶。

（二）轮机人员证书

1. 一级证书：适用于主机总功率750千瓦以上的渔业船舶，包括一级轮机长证书、一级管轮证书；

2. 二级证书：适用于主机总功率250千瓦以上不足750千瓦的渔业船舶，包括二级轮机长证书、二级管轮证书；

3. 三级证书：适用于主机总功率50千瓦以上不足250千瓦的渔业船舶，包括三级轮机长证书；

4. 助理管轮证书：适用于所有渔业船舶。

（三）机驾长证书

适用于船舶长度不足 12 米或者主机总功率不足 50 千瓦的渔业船舶上，驾驶与轮机岗位合一的船员。

（四）电机员证书

适用于发电机总功率 800 千瓦以上的渔业船舶。

（五）无线电操作员证书

适用于远洋渔业船舶。

二、内陆渔业职务船员证书等级

（一）驾驶人员证书

一级证书：适用于船舶长度 24 米以上设独立机舱的渔业船舶；

二级证书：适用于船舶长度不足 24 米设独立机舱的渔业船舶。

（二）轮机人员证书

一级证书：适用于主机总功率 250 千瓦以上设独立机舱的渔业船舶；

二级证书：适用于主机总功率不足 250 千瓦设独立机舱的渔业船舶。

（三）机驾长证书

适用于无独立机舱的渔业船舶上，驾驶与轮机岗位合一的船员。

内陆渔业船舶职务船员职级由各省级人民政府渔业行政

主管部门参照海洋渔业职务船员职级，根据本地情况自行确定，报农业部备案。

附件2：

渔业船员健康标准

一、视力（采用国际视力表及标准检查距离）

1. 驾驶人员：两眼裸视力均0.8以上，或裸视力0.6以上且矫正视力1.0以上；

2. 轮机人员：两眼裸视力均0.6以上，或裸视力0.4以上且矫正视力0.8以上。

二、辨色力

1. 驾驶人员：辨色力完全正常；

2. 其他渔业船员：无红绿色盲。

三、听力

双耳均能听清50厘米距离的秒表声音。

四、其他

1. 患有精神疾病、影响肢体活动的神经系统疾病、严重损害健康的传染病和可能影响船上正常工作的慢性病的，不得申请渔业船员证书；

2. 肢体运动功能正常；

3. 无线电人员应当口齿清楚。

附件3：

渔业职务船员证书申请资历条件

一、渔业职务船员按照以下顺序依次晋升：

（一）驾驶人员：助理船副→三级船长或二级船副→二级船长或一级船副→一级船长。

（二）轮机人员：助理管轮→三级轮机长或二级管轮→二级轮机长或一级管轮→一级轮机长。

二、申请海洋渔业职务船员证书考试资历条件：

（一）初次申请：申请助理船副、助理管轮、机驾长、电机员、无线电操作员职务船员证书的，应当担任渔捞员、水手、机舱加油工或电工实际工作满24个月。

（二）申请证书等级职级提高：持有下一级相应职务船员证书，并实际担任该职务满24个月。

三、申请海洋渔业船员证书考核资历条件：

（一）专业院校学生：在渔业船舶上见习期满12个月。

（二）曾在军用船舶、交通运输船舶任职的船员：在最近24个月内在相应船舶上工作满6个月。

四、申请内陆渔业职务船员证书资历条件：

（一）初次申请：在相应渔业船舶担任普通船员实际工作满24个月。

（二）申请证书等级职级提高：持有下一级相应职务船员证书，并实际担任该职务满24个月。

附件4：

海洋渔业船舶职务船员最低配员标准

配员 船舶类型	职务船员最低配员标准		
长度≥45米远洋渔业船舶	一级船长	一级船副	助理船副2名
长度≥45米非远洋渔业船舶	一级船长	一级船副	助理船副
36米≤长度<45米	二级船长	二级船副	助理船副
24米≤长度<36米	二级船长	二级船副	
12米≤长度<24米	三级船长	助理船副	
主机总功率≥3000千瓦	一级轮机长	一级管轮	助理管轮2名
750千瓦≤主机总功率<3000千瓦	一级轮机长	一级管轮	助理管轮
450千瓦≤主机总功率<750千瓦	二级轮机长	二级管轮	助理管轮
250千瓦≤主机总功率<450千瓦	二级轮机长	二级管轮	
50千瓦≤主机总功率<250千瓦	三级轮机长		
船舶长度不足12米或者主机总功率不足50千瓦	机驾长		
发电机总功率800千瓦以上	电机员，可由持有电机员证书的轮机人员兼任		
远洋渔业船舶	无线电操作员，可由持有全球海上遇险和安全系统（GMDSS）无线电操作员证书的驾驶人员兼任		

注：省级人民政府渔业行政主管部门可参照以上标准，根据本地情况，对船长不足24米渔业船舶的驾驶人员和主机总功率不足250千瓦渔业船舶的轮机人员配备标准进行适当调整，报农业部备案。

中华人民共和国渔业船舶检验条例

中华人民共和国国务院令

第383号

《中华人民共和国渔业船舶检验条例》已经2003年6月11日国务院第11次常务会议通过，现予公布，自2003年8月1日起施行。

总理　温家宝

二〇〇三年六月二十七日

第一章　总　则

第一条　为了规范渔业船舶的检验，保证渔业船舶具备安全航行和作业的条件，保障渔业船舶和渔民生命财产的安全，防止污染环境，依照《中华人民共和国渔业法》，制定本条例。

第二条 在中华人民共和国登记和将要登记的渔业船舶（以下简称渔业船舶）的检验，适用本条例。从事国际航运的渔业辅助船舶除外。

第三条 国务院渔业行政主管部门主管全国渔业船舶检验及其监督管理工作。

中华人民共和国渔业船舶检验局（以下简称国家渔业船舶检验机构）行使渔业船舶检验及其监督管理职能。

地方渔业船舶检验机构依照本条例规定，负责有关的渔业船舶检验工作。

各级公安边防、质量监督和工商行政管理等部门，应当在各自的职责范围内对渔业船舶检验和监督管理工作予以协助。

第四条 国家对渔业船舶实行强制检验制度。强制检验分为初次检验、营运检验和临时检验。

第五条 渔业船舶检验，应当遵循安全第一、保证质量和方便渔民的原则。

第二章　初次检验

第六条 渔业船舶的初次检验，是指渔业船舶检验机构在渔业船舶投入营运前对其所实施的全面检验。

第七条 下列渔业船舶的所有者或者经营者应当申报初次检验：

（一）制造的渔业船舶；

（二）改造的渔业船舶（包括非渔业船舶改为渔业船舶、国内作业的渔业船舶改为远洋作业的渔业船舶）；

（三）进口的渔业船舶。

第八条 制造、改造的渔业船舶，其设计图纸、技术文件应当经渔业船舶检验机构审查批准，并在开工制造、改造前申报初次检验。渔业船舶检验机构应当自收到设计图纸、技术文件之日起 20 个工作日内作出审查决定，并书面通知当事人。

设计、制造、改造渔业船舶的单位应当符合国家规定的条件，并遵守国家渔业船舶技术规则。

第九条 制造、改造的渔业船舶的初次检验，应当与渔业船舶的制造、改造同时进行。

用于制造、改造渔业船舶的有关航行、作业和人身财产安全以及防止污染环境的重要设备、部件和材料，在使用前应当经渔业船舶检验机构检验，检验合格的方可使用。

前款规定必须检验的重要设备、部件和材料的目录，由国务院渔业行政主管部门制定。

第十条 进口的渔业船舶，其设计图纸、技术文件应当经渔业船舶检验机构审查确认，并在投入营运前申报初次检验。进口旧渔业船舶，进口前还应当取得国家渔业船舶检验机构出具的旧渔业船舶技术评定证书。

第十一条 渔业船舶检验机构对检验合格的渔业船舶，应当自检验完毕之日起 5 个工作日内签发渔业船舶检验证书；经检验不合格的，应当书面通知当事人，并说明理由。

经检验合格的渔业船舶，任何单位和个人不得擅自改变其吨位、载重线、主机功率、人员定额和适航区域；不得擅自拆除其有关航行、作业和人身财产安全以及防止污染环境的重要设备、部件。确需改变或者拆除的，应当经原渔业船舶检验机构核准。

第十二条 进口的渔业船舶和远洋渔业船舶的初次检验，由国家渔业船舶检验机构统一组织实施。其他渔业船舶的初次检验，由船籍港渔业船舶检验机构负责实施；渔业船舶的制造地或者改造地与船籍港不一致的，初次检验由制造地或者改造地渔业船舶检验机构实施；该渔业船舶检验机构应当自检验完毕之日起 5 个工作日内，将检验报告、检验记录等技术资料移交船籍港渔业船舶检验机构。

第三章 营运检验

第十三条 渔业船舶的营运检验，是指渔业船舶检验机构对营运中的渔业船舶所实施的常规性检验。

第十四条 营运中的渔业船舶的所有者或者经营者应当按照国务院渔业行政主管部门规定的时间申报营运检验。

渔业船舶检验机构应当按照国务院渔业行政主管部门的规定，根据渔业船舶运行年限和安全要求对下列项目实施检验：

（一）渔业船舶的结构和机电设备；

（二）与渔业船舶安全有关的设备、部件；

（三）与防止污染环境有关的设备、部件；

（四）国务院渔业行政主管部门规定的其他检验项目。

第十五条 渔业船舶检验机构应当自申报营运检验的渔业船舶到达受检地之日起3个工作日内实施检验。经检验合格的，应当自检验完毕之日起5个工作日内在渔业船舶检验证书上签署意见或者签发渔业船舶检验证书；签发境外受检的远洋渔业船舶的检验证书，可以延长至15个工作日。经检验不合格的，应当书面通知当事人，并说明理由。

第十六条 渔业船舶经检验需要维修的，该船舶的所有者或者经营者应当选择符合国家规定条件的维修单位。维修渔业船舶应当遵守国家渔业船舶技术规则。

用于维修渔业船舶的有关航行、作业和人身财产安全以及防止污染环境的重要设备、部件和材料，在使用前应当经渔业船舶检验机构检验，检验合格的方可使用。

第十七条 营运中的渔业船舶需要更换有关航行、作业和人身财产安全以及防止污染环境的重要设备、部件和材料的，该船舶的所有者或者经营者应当遵守本条例第十六条第二款的规定。

第十八条 远洋渔业船舶的营运检验，由国家渔业船舶检验机构统一组织实施。其他渔业船舶的营运检验，由船籍港渔业船舶检验机构负责实施；因故不能回船籍港进行营运检验的渔业船舶，由船籍港渔业船舶检验机构委托船舶的营运地或者维修地渔业船舶检验机构实施检验；实施检验的渔业船舶检验机构应当自检验完毕之日起5个工作日内将检验报告、检验记录等技术资料移交船籍港渔业船舶检验机构。

第四章 临时检验

第十九条 渔业船舶的临时检验，是指渔业船舶检验机构对营运中的渔业船舶出现特定情形时所实施的非常规性检验。

第二十条 有下列情形之一的渔业船舶，其所有者或者经营者应当申报临时检验：

（一）因检验证书失效而无法及时回船籍港的；

（二）因不符合水上交通安全或者环境保护法律、法规的有关要求被责令检验的；

（三）具有国务院渔业行政主管部门规定的其他特定情形的。

第二十一条 渔业船舶检验机构应当自申报临时检验的渔业船舶到达受检地之日起2个工作日内实施检验。经检验合格的，应当自检验完毕之日起3个工作日内在渔业船舶检验证书上签署意见或者签发渔业船舶检验证书；经检验不合格的，应当书面通知当事人，并说明理由。

第二十二条 渔业船舶临时检验的管辖权限划分，依照本条例第十八条关于营运检验管辖权限的规定执行。

第五章 监督管理

第二十三条 有下列情形之一的渔业船舶，渔业船舶检验机构不得受理检验：

（一）设计图纸、技术文件未经渔业船舶检验机构审查批准或者确认的；

（二）违反本条例第八条第二款和第九条第二款规定制造、改造的；

（三）违反本条例第十六条、第十七条规定维修的；

（四）按照国家有关规定应当报废的。

第二十四条 地方渔业船舶检验机构应当在国家渔业船舶检验机构核定的范围内开展检验业务。

第二十五条 从事渔业船舶检验的人员应当经国家渔业船舶检验机构考核合格后，方可从事相应的渔业船舶检验工作。

第二十六条 渔业船舶检验机构及其检验人员应当严格遵守渔业船舶检验规则，实施现场检验，并对检验结论负责。

渔业船舶检验规则由国家渔业船舶检验机构制定，经国务院渔业行政主管部门批准后公布实施。

对具有新颖性的渔业船舶或者船用产品，国家尚未制定相应的检验规则的，可以适用国家渔业船舶检验机构认可的检验规则。

第二十七条 当事人对地方渔业船舶检验机构的检验结论有异议的，可以按照国务院渔业行政主管部门的规定申请复验。

第二十八条 渔业船舶的检验收费，按照国务院价格主管部门、财政部门规定的收费标准执行。

第二十九条 渔业船舶的检验证书、检验记录、检验报告的式样和检验业务印章，由国家渔业船舶检验机构统一规定。

第三十条 渔业船舶检验人员依法履行职能时，有权对渔业船舶的检验证书和技术状况进行检查，有关单位和个人应当给予配合。

重大渔业船舶海损事故的调查处理，应当有渔业船舶检验机构的检验人员参加。

第三十一条 有下列情形之一的渔业船舶，其所有者或者经营者应当在渔业船舶报废、改籍、改造之日前7个工作日内或者自渔业船舶灭失之日起20个工作日内，向渔业船舶检验机构申请注销其渔业船舶检验证书；逾期不申请的，渔业船舶检验证书自渔业船舶改籍、改造完毕之日起或者渔业船舶报废、灭失之日起失效，并由渔业船舶检验机构注销渔业船舶检验证书：

（一）按照国家有关规定报废的；

（二）中国籍改为外国籍的；

（三）渔业船舶改为非渔业船舶的；

（四）因沉没等原因灭失的。

第六章　法律责任

第三十二条　违反本条例规定，渔业船舶未经检验、未取得渔业船舶检验证书擅自下水作业的，没收该渔业船舶。

按照规定应当报废的渔业船舶继续作业的，责令立即停止作业，收缴失效的渔业船舶检验证书，强制拆解应当报废的渔业船舶，并处 2000 元以上 5 万元以下的罚款；构成犯罪的，依法追究刑事责任。

第三十三条　违反本条例规定，渔业船舶应当申报营运检验或者临时检验而不申报的，责令立即停止作业，限期申报检验；逾期仍不申报检验的，处 1000 元以上 1 万元以下的罚款，并可以暂扣渔业船舶检验证书。

第三十四条　违反本条例规定，有下列行为之一的，责令立即改正，处 2000 元以上 2 万元以下的罚款；正在作业的，责令立即停止作业；拒不改正或者拒不停止作业的，强制拆除非法使用的重要设备、部件和材料或者暂扣渔业船舶检验证书；构成犯罪的，依法追究刑事责任：

（一）使用未经检验合格的有关航行、作业和人身财产安全以及防止污染环境的重要设备、部件和材料，制造、改造、维修渔业船舶的；

（二）擅自拆除渔业船舶上有关航行、作业和人身财产安全以及防止污染环境的重要设备、部件的；

（三）擅自改变渔业船舶的吨位、载重线、主机功率、人员定额和适航区域的。

第三十五条 渔业船舶检验机构的工作人员未经考核合格从事渔业船舶检验工作的，责令其立即停止检验工作，处1000元以上5000元以下的罚款。

第三十六条 违反本条例规定，有下列情形之一的，责令立即改正，对直接负责的主管人员和其他直接责任人员，依法给予降级、撤职、取消检验资格的处分；构成犯罪的，依法追究刑事责任；已签发的渔业船舶检验证书无效：

（一）未按照国务院渔业行政主管部门的有关规定实施检验的；

（二）所签发的渔业船舶检验证书或者检验记录、检验报告与渔业船舶实际情况不相符的；

（三）超越规定的权限进行渔业船舶检验的。

第三十七条 伪造、变造渔业船舶检验证书、检验记录和检验报告，或者私刻渔业船舶检验业务印章的，应当予以没收；构成犯罪的，依法追究刑事责任。

第三十八条 本条例规定的行政处罚，由县级以上人民政府渔业行政主管部门或者其所属的渔业行政执法机构依据职权决定。

前款规定的行政处罚决定机关及其工作人员利用职务上的便利收取他人财物、其他好处，或者不履行监督职责、发现违法行为不予查处，或者有其他玩忽职守、滥用职权、徇私舞弊行为，构成犯罪的，依法追究直接负责的主管人员和其他直接责任人员的刑事责任；尚不构成犯罪的，依法给予行政处分。

第七章　附　则

第三十九条 外国籍渔业船舶，其船旗国委托中华人民共和国检验的，依照本条例的规定执行。

第四十条 本条例自 2003 年 8 月 1 日起施行。

附 录

渔业行政处罚规定

中华人民共和国农业部令

第36号

《渔业行政处罚规定》已于1997年12月23日经农业部常务会议审议通过，现予发布施行。原《黄渤海区关于违反渔业法规行政处罚规定》、《东海区关于违反渔业法规行政处罚规定》、《南海区关于违反渔业法规行政处罚规定》同时废止。

农业部部长

一九九八年一月五日

第一条 为严格执行渔业法律法规，规范渔业行政处罚，保障渔业生产者的合法权益，根据《渔业法》、《渔业法实施细则》和《行政处罚法》等法律法规，制定本规定。

第二条 对渔业违法的行政处罚有以下种类：

（一）罚款；

（二）没收渔获物、违法所得、渔具；

（三）暂扣、吊销捕捞许可证等渔业证照；

（四）法律、法规规定的其他处罚。

第三条 渔业违法行为轻微并及时纠正，没有造成危害后果的，不予行政处罚。

有下列违法行为之一的，从轻处罚：

（一）主动消除或减轻渔业违法行为后果的；

（二）配合渔业执法部门查处渔业违法行为有立功表现有；

（三）其他依法可从轻或减轻渔业行政处罚的。

第四条 有下列行为之一的，从重处罚：

（一）一年内渔业违法三次以上的；

（二）对渔业资源破坏程度较重的；

（三）渔业违法影响较大的；

（四）同一个违法行为违反两项以上规定的；

（五）逃避、抗拒检查的。

第五条 本规定中需要处以罚款的计罚单位如下：

（一）拖网、流刺网、钓钩等用船作业的，以单艘船计罚；

（二）围网作业，以一个作业单位计罚；

（三）定置作业，用船作业的以单艘船计罚，不用船作业的以一个作业单位计罚；

（四）炸鱼、毒鱼、非法电力捕鱼和使用鱼鹰捕鱼的，用船作业的以单艘船计罚，不用船作业的以人计罚；

（五）从事赶海、潜水等不用船作业的，以人计罚。

第六条 依照《渔业法》第二十八条和《实施细则》第二十九条规定，有下列行为之一的，没收渔获物和违法所得，处以罚款，并可以没收鱼具、吊销捕捞许可证。罚款按以下标准执行：

（一）毒鱼、炸鱼的，在内陆水域，从轻处罚的处以二百元至三千元罚款，从重处罚的处以三千元至五千元罚款；在海洋，从轻处罚的处以五百元至一万元罚款，从重处罚的处以一万元至五万元罚款。

（二）敲舫作业的，从轻处罚的处以一千元至一万元罚款，从重处罚的处以一万元至五万元罚款。

（三）未经批准使用电力捕鱼的，在内陆水域处二百元至一千元罚款；在海洋处五百元至三千元罚款。

（四）擅自捕捞国家规定禁止捕捞的珍贵、濒危水生动物，按《中华人民共和国水生野生动物保护实施条例》执行。

（五）使用小于规定的最小网目尺寸的网具进行捕捞的，不用船作业的处以五十元至五百元罚款；用船作业的处以五百元至一千元罚款。

（六）非法使用鱼鹰捕鱼的，处以五十元至二百元罚款。

（七）违反禁渔期（休渔期、保护期），禁渔区（休渔区、保护区）的规定进行捕捞的：

1. 在内陆水域，从轻处罚的处以五十元至三千元罚款，从重处罚的处以三千元至五千元罚款；

2. 在海洋，不用船作业的按内陆水域的规定处罚；用船作业的，按渔船主机功率处罚：

主机功率（千瓦）	从轻处罚（元）	从重处罚（元）
不足 14. 7 及非机动船	500—3000	3000—10000
14. 7—不足 147. 1	800—10000	10000—20000
147. 1 以上	1000—20000	20000—50000

（14. 7 千瓦 = 20 马力；147. 1 千瓦 = 200 马力）

第七条 依照《渔业法》第二十九条和《实施细则》第三十条规定，对偷捕、抢夺他人养殖的水产品，破坏他人养殖水体、养殖设施的，除责令当事人赔偿损失外，并处一千元以下罚款。

第八条 依照《渔业法》第三十条和《实施细则》第三十一条的规定，对未取得捕捞许可证擅自进行捕捞的，没收渔获物和违法所得，可以并处罚款，情节严重的，并可以没收渔具。罚款按下列标准执行：

（一）内陆水域非机动渔船处以五十元至一百五十元罚款。

（二）内陆水域机动渔船和海洋非机动渔船和以一百元

至五百元罚款。

（三）海洋机动渔船，按主机功率处罚：

主机功率（千瓦）	从轻处罚（元）	从重处罚（元）
不足 14.7	200—3000	3000—10000
14.7—不足 147.1	500—10000	10000—15000
147.1 以上	1000—15000	15000—20000

（14.7 千瓦＝20 马力；147.1 千瓦＝200 马力）

许可证未经年审、未携带许可证、未按规定悬挂标志进行捕捞的，按本条前款规定处罚。

第九条 依照《渔业法》第三十一条和《实施细则》第三十二条规定，对有捕捞许可证的渔船违反许可证关于作业类型、场所、时限和渔具数量的规定进行捕捞的，没收渔获物和违法所得，可以并处罚款，情节严重的，并可以没收渔具，吊销捕捞许可证。罚款按以下标准执行：

（一）内陆水域非机动渔船处以二十五元至五十元罚款。

（二）内陆水域机动渔船和海洋非机动渔船处以五十元至一百元罚款。

（三）近海机动渔船处五十元至三千元罚款。

（四）外海渔船擅自进入近海捕捞的，从轻处罚的处三千元至一万元罚款，从重处罚的处以一万元至二万元罚款。

第十条 依照《渔业法》第三十二条和《实施细则》第三十三第规定，对买卖、出租或以其他形式非法转让以及涂改捕捞许可证的，没收违法所得，吊销捕捞许可证，可以并处罚款。罚款按以下标准执行：

（一）买卖、出租或以其他形式非法转让捕捞许可证的，对违法双方各处一百元至一千元罚款；

（二）涂改捕捞许可证的，处一百元至一千元罚款；

第十一条 违反水污染防治法规定，造成渔业污染事故的，按以下规定处以罚款：

（一）对造成污染事故的单位处一万元以上五万元以下罚款；

（二）对造成重大经济损失的，按照直接损失的百分之三十计算罚款，但最高不得超过二十万元。

第十二条 捕捞国家重点保护的渔业资源品种中未达到采捕标准的幼体超过规定比例的，没收超比例部分幼体，并可处以三万元以下罚款；从重处罚的，可以没收渔获物。

第十三条 违反《实施细则》第二十四条、第二十五条规定的，擅自捕捞、收购有重要经济价值的水生动物苗种、怀卵亲体的，没收其苗种或怀卵亲体及违法所得，并可处以三万元以下罚款。

第十四条 中外合资、合作经营渔业企业的渔船，违反《实施细则》第十六条的规定，未经国务院有关主管部门批准，擅自从事近海捕捞的，依照《实施细则》第三十六条的规定，没收渔获物和违法所得，并可处以三千元至五万元的罚款。

第十五条 外国人、外国渔船违反《渔业法》第 八条规定，擅自进入中华人民共和国管辖水域从事渔业生产或渔业资源调查活动的，依照《实施细则》第三十七条规定，令其离开或将其驱逐，并可处以罚款和没收渔获物、渔具。

第十六条 我国渔船违反我国缔结、参加的国际渔业条约和违反公认的国际关系准则的，可处以罚款。

第十七条 违反《实施细则》第二十六条，在鱼、虾、贝、蟹幼苗的重点产区直接引水、用水的，未采取避开幼苗密集区、密集期或设置网栅等保护措施的，可处以一万元以下罚款。

第十八条 依照《渔业法》第 二十八条、第 三十条、第 三十一条、第 三十二条规定需处以罚款的，除按本规定罚款外，依照《实施细则》第三十四条的规定，对船长或者单位负责人可视情节另处一百元至五百元罚款。

第十九条 凡无船名号、无船舶证书，无船籍港而从事渔业活动的船舶，可对船主处以船价两倍以下的罚款，并可予以没收。凡未履行审批手续非法建造、改装的渔船，一律予以没收。

第二十条 按本规定进行的渔业行政处罚，在海上被处罚的当事人在未执行处罚以前，可扣留其捕捞许可证和渔具。

第二十一条 本规定由农业部负责解释。

中华人民共和国渔业行政执法船舶管理办法

中华人民共和国农业部令

第33号

《中华人民共和国渔业行政执法船舶管理办法》已于2000年5月9日经农业部第6次常务会议审议通过，现予发布施行。

农业部部长

二〇〇〇年六月十三日

第一条 为加强渔业行政执法船舶管理，根据《中华人民共和国渔业法》等法律、法规的规定，制定本办法。

第二条 本办法所称渔业行政执法船舶是指各级渔业行政主管部门执行渔业行政执法任务的专用公务船、艇，以下称为渔政船。

第三条 渔政船实行建造审批，注册登记，统一编号，统一规范。

第四条 各级渔业行政主管部门依照本办法的规定对所属渔政船进行管理。

第五条 凡新建、改造、购置和报废渔政船的，必须填写《中华人民共和国渔政船新建、改造、购置、报废申请表》（格式见附件1），经批准后方可进行。未经批准，不得新建、改造、购置和报废渔政船。

农业部直属渔政渔港监督管理机构和省级渔业行政主管部门需新建、改造、购置和报废渔政船的，报（沿海省级渔政船经所在海区局审核后）中华人民共和国渔政渔港监督管理局审批。

省级以下各级渔业行政主管部门需新建、改造、购置和报废渔政船的，由各省（区、市）渔业行政主管部门审批，报中华人民共和国渔政渔港监督管理局（海洋渔政船同时报所在海区渔政渔港监督管理局）备案。

渔政船的设计、建造规范和安装的设备必须符合国家有关规定。

第六条 所有渔政船必须向中华人民共和国渔政渔港监督管理局申请注册登记，经核准后，方可执行渔业行政执法任务。

海区渔政渔港监督管理局和各级渔业行政主管部门根据本办法第九条的编号规则，对所属渔政船编写船名号，并填写《中华人民共和国渔政船注册登记申请表》（格式见附件2），向中华人民共和国渔政渔港监督管理局申请注册登记。

中华人民共和国渔政渔港监督管理局对所有核准注册登记的渔政船，采用合适的方式向社会公布。

第七条 中华人民共和国渔政渔港监督管理局对服役的渔政船每三年重新注册一次。

第八条 渔政船实行统一外观颜色和标志。渔政船船体外部水线以上部分为白色，船首两侧用黑色宋体汉字标写船名号。有条件的渔政船应在驾驶室外两侧上方用红色宋体汉字标写船名号，夜间应有灯光照明或设夜间显示灯箱。烟囱两侧或驾驶楼两侧应刷制中国渔政徽标。

第九条 渔政船实行全国统一编号。经中华人民共和国渔政渔港监督管理局注册登记的海区渔政船的编号为“中国渔政×××”。编号中的第一位数字为海区渔政渔港监督管理局的代码（附件3），第二、三位数字为所属渔政船序号。

经中华人民共和国渔政渔港监督管理局注册登记的省级以下（含省级）渔业行政主管部门所属渔政船的编号为“中国渔政×××××”，编号中的第一、二位数字为省级渔业行政主管部门的代码（附件3），第三、四、五位数字为各级渔业行政主管部门所属渔政船的序号。省以下各级渔业行政主管部门所属渔政船的序号排列，由各省自行确定，报中华人民共和国渔政渔港监督管理局备案。

单独执行渔业行政执法任务的快艇，也按上述规则编号。

渔政船备有快艇的，快艇名号为母船名号之后加“-×”，该位数代表快艇序号，由主管该渔政船的渔业行政主管部门编定。

第十条 渔政船的外观颜色、标志和“中国渔政”的名称，未经中华人民共和国渔政渔港监督管理局批准，不得擅自更改。

第十一条 渔政船必须服从其渔业行政主管部门的调度指挥，认真执行下达的执法任务。

第十二条 上一级渔业行政主管部门可以根据执法任务的需要，调用下一级渔业行政主管部门的渔政船执行执法任务。渔政船被调用期间服从上级渔业行政主管部门的指挥。

第十三条 任何单位和个人不得利用渔政船从事生产、营运等以盈利为目的的经营活动。因渔业资源调查等活动或配合政府其它部门的公务活动需使用渔政船时，应报上一级渔业行政主管部门备案。

第十四条 凡执行渔业行政执法任务需使用船、艇时，必须使用渔政船。

内陆地区或因特殊原因需借用、租用非渔政船执行渔业行政执法任务时，必须事先报经省级渔业行政主管部门批准。报告时应说明拟执行的任务、时间、范围以及拟借用、租用船舶的船名号等有关情况。执行任务时，借用、租用的非渔政船的船名号必须清晰可见，在不影响公务的前提下还应有明显的渔业行政执法标识。任务结束后应向批准部门报告执行情况。

第十五条 渔政船执行渔业行政执法任务时，有关执法检查和行政处罚等具体渔业行政执法事宜，由随船执行任务的渔业行政执法官员依法决定。

船长对渔政船的航泊安全负责，依照执法任务的要求制定航行计划。当船上渔业行政执法官员因执法任务的需要，要求调整原定的航行计划时，在不影响安全的情况下，船长应予以配合。

第十六条　各级渔业行政主管部门要按渔业船舶管理的有关规定，对所属的渔政船配齐职务船员，按执法任务需要配备渔业行政执法官员。

海洋渔政船还要按中华人民共和国渔政渔港监督管理局统一规定的标准配备通讯导航设备。

第十七条　渔政船发生事故时，船长应及时采取有效措施组织抢救，尽量减少损失，并及时报告其渔业行政主管部门。

第十八条　渔政船须按规定向渔业船舶检验部门申报船舶检验，向渔港监督部门办理船舶登记。

第十九条　违反本办法规定的，将追究有关人员的责任。

第二十条　本办法由中华人民共和国渔政渔港监督管理局负责组织实施。

第二十一条　本办法由农业部负责解释。

第二十二条　本办法自 2001 年 1 月 1 日起施行。原国家水产总局《渔政船管理暂行办法》〔（79）渔总（管）字第 23 号〕同时废止。

附件 1：中华人民共和国渔政船新建、改造、购置、报废申请表（略）

附件 2：中华人民共和国渔政船注册登记申请表（略）

附件 3：海区渔政渔港监督管理机构及省级渔业行政主管部门代码（略）

中华人民共和国渔业港航监督行政处罚规定

中华人民共和国农业部令

第34号

《中华人民共和国渔业港航监督行政处罚规定》于2000年5月9日经农业部第6次常务会议审议通过，现予发布施行。

农业部部长

二〇〇〇年六月十三日

第一章 总 则

第一条 为加强渔业船舶安全监督管理，规范渔业港航法规行政处罚，保障渔业港航法规的执行和渔业生产者的合法权益，根据《中华人民共和国海上交通安全法》、《中华人民共和国海洋环境保护法》、《中华人民共和国渔港水域交通安全管理条例》和《中华人民共和国内河交通安全管理条例》等有关法律、法规，制定本规定。

第二条 本规定适用于中国籍渔业船舶及其船员、所有者和经营者，以及在中华人民共和国渔港和渔港水域内航行、停泊和作业的其他船舶、设施及其船员、所有者和经营者。

第三条 中华人民共和国渔政渔港监督管理机关（以下简称渔政渔港监督管理机关）依据本规定行使渔业港航监督行政处罚权。

第四条 渔政渔港监督管理机关对违反渔业港航法律、法规的行政处罚分为：

（一）警告；

（二）罚款；

（三）扣留或吊销船舶证书或船员证书；

（四）法律、法规规定的其他行政处罚。

第五条 有下列行为之一的，可免予处罚：

（一）因不可抗力或以紧急避险为目的的行为；

（二）渔业港航违法行为显著轻微并及时纠正，没有造成危害性后果。

第六条 有下列行为之一的，可从轻、减轻处罚：

（一）主动消除或减轻渔业港航违法行为后果；

（二）配合渔政渔港监督管理机关查处渔业港航违法行为；

（三）依法可以从轻、减轻的其他渔业港航违法行为。

第七条 有下列行为之一的，可从重处罚：

（一）违法情节严重，影响较大；

（二）多次违法或违法行为造成重大损失；

（三）损失虽然不大，但事后既不向渔政渔港监督管理机关报告，又不采取措施，放任损失扩大；

（四）逃避、抗拒渔政渔港监督管理机关检查和管理；

（五）依法可以从重处罚的其他渔业港航违法行为。

第八条 渔政渔港监督管理机关管辖本辖区发生的案件和上级渔政渔港监督管理机关指定管辖的渔业港航违法案件。

渔业港航违法行为有下列情况的，适用“谁查获谁处理”的原则：

（一）违法行为发生在共管区、叠区；

（二）违法行为发生在管辖权不明或有争议的区域；

（三）违法行为地与查获地不一致。

法律、法规或规章另有规定的，按规定管辖。

第二章 违反渔港管理的行为和处罚

第九条 有下列行为之一的，对船长予以警告，并可处50元以上500元以下罚款；情节严重的，扣留其职务船员证书3至6个月；情节特别严重的，吊销船长证书：

（一）船舶进出渔港应当按照有关规定到渔政渔港监督管理机关办理签证而未办理签证的；

（二）在渔港内不服从渔政渔港监督管理机关对渔港水域交通安全秩序管理的；

（三）在渔港内停泊期间，未留足值班人员的。

第十条 有下列违反渔港管理规定行为之一的，渔政渔港监督管理机关应责令其停止作业，并对船长或直接责任人予以警告，并可处500元以上1000元以下罚款：

（一）未经渔政渔港监督管理机关批准或未按批准文件的规定，在渔港内装卸易燃、易爆、有毒等危险货物的；

（二）未经渔政渔港监督管理机关批准，在渔港内新建、改建、扩建各种设施，或者进行其他水上、水下施工作业的；

（三）在渔港内的航道、港池、锚地和停泊区从事有碍海上交通安全的捕捞、养殖等生产活动的。

第十一条 停泊或进行装卸作业时，有下列行为之一的，应责令船舶所有者或经营者支付消除污染所需的费用，并可处500元以上10000元以下罚款：

（一）造成腐蚀、有毒或放射性等有害物质散落或溢漏，污染渔港或渔港水域的；

（二）排放油类或油性混合物造成渔港或渔港水域污染的。

第十二条 有下列行为之一的，对船长予以警告，情节严重的，并处100元以上1000元以下罚款：

（一）未经批准，擅自使用化学消油剂；

（二）未按规定持有防止海洋环境污染的证书与文书，或不如实记录涉及污染物排放及操作。

第十三条 未经渔政渔港监督管理机关批准，有下列行为之一者，应责令当事责任人限期清除、纠正，并予以警告；情节严重的，处100元以上1000元以下罚款：

（一）在渔港内进行明火作业；

（二）在渔港内燃放烟花爆竹。

第十四条 向渔港港池内倾倒污染物、船舶垃圾及其他有害物质，应责令当事责任人立即清除，并予以警告。情节严重的，400总吨（含400总吨）以下船舶，处5000元以上50000元以下罚款；400总吨以上船舶处50000元以上100000元以下罚款。

第三章 违反渔业船舶管理的行为和处罚

第十五条 已办理渔业船舶登记手续，但未按规定持有船舶国籍证书、船舶登记证书、船舶检验证书、船舶航行签证簿的，予以警告，责令其改正，并可处200元以上1000元以下罚款。

第十六条 无有效的渔业船舶船名、船号、船舶登记证书（或船舶国籍证书）、检验证书的船舶，禁止其离港，并对船舶所有者或者经营者处船价2倍以下的罚款。有下列行为之一的，从重处罚：

（一）无有效的渔业船舶登记证书（或渔业船舶国籍证书）和检验证书，擅自刷写船名、船号、船籍港的；

（二）伪造渔业船舶登记证书（或国籍证书）、船舶所有权证书或船舶检验证书的；

（三）伪造事实骗取渔业船舶登记证书或渔业船舶国籍证书的；

（四）冒用他船船名、船号或船舶证书的。

第十七条 渔业船舶改建后，未按规定办理变更登记，应禁止其离港，责令其限期改正，并可对船舶所有者处5000元以上20000元以下罚款。

变更主机功率未按规定办理变更登记的，从重处罚。

第十八条 将船舶证书转让他船使用，一经发现，应立即收缴，对转让船舶证书的船舶所有者或经营者处1000元以下罚款；对借用证书的船舶所有者或经营者处船价2倍以下罚款。

第十九条 使用过期渔业船舶登记证书或渔业船舶国籍证书的，登记机关应通知船舶所有者限期改正，过期不改的，责令其停航，并对船舶所有者或经营者处1000元以上10000元以下罚款。

第二十条 有下列行为之一的，责令其限期改正，对船舶所有者或经营者处200元以上1000元以下罚款：

（一）未按规定标写船名、船号、船籍港，没有悬挂船名牌的；

（二）在非紧急情况下，未经渔政渔港监督管理机关批准，滥用烟火信号、信号枪、无线电设备、号笛及其他遇险求救信号的；

（三）没有配备、不正确填写或污损、丢弃航海日志、轮机日志的。

第二十一条 未按规定配备救生、消防设备，责令其在离港前改正，逾期不改的，处 200 元以上 1000 元以下罚款。

第二十二条 未按规定配齐职务船员，责令其限期改正，对船舶所有者或经营者并处 200 元以上 1000 元以下罚款。

普通船员未取得专业训练合格证或基础训练合格证的，责令其限期改正，对船舶所有者或经营者并处 1000 元以下罚款。

第二十三条 有下列行为之一的，对船长或直接责任人处 200 元以上 1000 元以下罚款：

（一）未经渔政渔港监督管理机关批准，违章装载货物且影响船舶适航性能的；

（二）未经渔政渔港监督管理机关批准违章载客的；

（三）超过核定航区航行和超过抗风等级出航的。

违章装载危险货物的，应当从重处罚。

第二十四条 对拒不执行渔政渔港监督管理机关作出的离港、禁止离港、停航、改航、停止作业等决定的船舶，可对船长或直接责任人并处 1000 元以上 10000 元以下罚款、扣留或吊销船长职务证书。

第四章 违反渔业船员管理的行为和处罚

第二十五条 冒用、租借他人或涂改职务船员证书、普通船员证书的，应责令其限期改正，并收缴所用证书，对当事人或直接责任人并处 50 元以上 200 元以下罚款。

第二十六条 对因违规被扣留或吊销船员证书而谎报遗失，申请补发的，可对当事人或直接责任人处 200 元以上

1000元以下罚款。

第二十七条 向渔政渔港监督管理机关提供虚假证明材料、伪造资历或以其他舞弊方式获取船员证书的，应收缴非法获取的船员证书，对提供虚假材料的单位或责任人处500元以上3000元以下罚款。

第二十八条 船员证书持证人与证书所载内容不符的，应收缴所持证书，对当事人或直接责任人处50元以上200元以下罚款。

第二十九条 到期未办理证件审验的职务船员，应责令其限期办理，逾期不办理的，对当事人并处50元以上100元以下罚款。

第五章 违反其他安全管理的行为和处罚

第三十条 对损坏航标或其他助航、导航标志和设施，或造成上述标志、设施失效、移位、流失的船舶或人员，应责令其照价赔偿，并对责任船舶或责任人员处500元以上1000元以下罚款。

故意造成第一款所述结果或虽不是故意但事情发生后隐瞒不向渔政渔港监督管理机关报告的，应当从重处罚。

第三十一条 违反港航法律、法规造成水上交通事故的，对船长或直接责任人按以下规定处罚：

（一）造成特大事故的，处以3000元以上5000元以下罚款，吊销职务船员证书；

（二）造成重大事故的，予以警告，处以 1000 元以上 3000 元以下罚款，扣留其职务船员证书 3 至 6 个月；

（三）造成一般事故的，予以警告，处以 100 元以上 1000 元以下罚款，扣留职务船员证书 1 至 3 个月。

事故发生后，不向渔政渔港监督管理机关报告、拒绝接受渔政渔港监督管理机关调查或在接受调查时故意隐瞒事实、提供虚假证词或证明的，从重处罚。

第三十二条 有下列行为之一的，对船长处 500 元以上 1000 元以下罚款，扣留职务船员证书 3 至 6 个月；造成严重后果的，吊销职务船员证书：

（一）发现有人遇险、遇难或收到求救信号，在不危及自身安全的情况下，不提供救助或不服从渔政渔港监督管理机关救助指挥；

（二）发生碰撞事故，接到渔政渔港监督管理机关守候现场或到指定地点接受调查的指令后，擅离现场或拒不到指定地点。

第三十三条 发生水上交通事故的船舶，有下列行为之一的，对船长处 50 元以上 500 元以下罚款：

（一）未按规定时间向渔政渔港监督管理机关提交《海事报告书》的；

（二）《海事报告书》内容不真实，影响海损事故的调查处理工作的。

发生涉外海事，有上述情况的，从重处罚。

第六章　附　则

第三十四条　对内陆水域渔业船舶和 12 米以下的海洋渔业船舶可依照本规定从轻或减轻处罚。

第三十五条　渔政渔港监督管理机关的执法人员，在调查处理违规案件和实施处罚决定时，应严格遵守有关行政处罚程序规定。

第三十六条　拒绝、阻碍渔政渔港监督管理机关工作人员依法执行公务，应当给予治安管理处罚的，由公安机关依照《中华人民共和国治安管理处罚条例》有关规定处罚；构成犯罪的，由司法机关依法追究刑事责任。

第三十七条　当事人对渔政渔港监督管理机关处罚不服的，可在接到处罚通知之日起，60 日内向该渔政渔港监督管理机关所属的渔业行政主管部门申请复议，对复议决定不服的，可以向人民法院提起行政诉讼；当事人也可在接到处罚通知之日起 30 日内直接向人民法院提起行政诉讼。在此期限内当事人既不履行处罚，又不申请复议，也不提起行政诉讼的，处罚机关可申请法院强制执行。但是，在海上的处罚，被查处的渔业船舶应当先执行处罚决定。

第三十八条　本规定由中华人民共和国农业部负责解释。

第三十九条　本规定自下发之日起施行。

农业部渔业船舶设计单位资格认可管理暂行办法

（一九九三年八月十九日农业部发布；根据一九九七年十二月二十五日农业部令第39号修订）

第一章　总　则

第一条　为了保证渔业船舶（以下简称“渔船”）的设计质量，促进技术进步，保障渔民的财产和人身安全，提高经济效益，加强对渔船设计单位的管理，特制定本办法。

第二条　凡从事渔船设计的单位，必须按照本办法申请资格审查、经审查合格并取得《渔船设计资格认可证书》后，方可承担相应的渔船设计任务。

第三条　渔船检验部门对无渔船设计资格认可证书单位设计的渔船图纸资料不予受理审查。

第四条　渔船设计单位根据批准的证书等级，可承担国内外相应级别的渔船设计，包括渔船的方案设计、技术设计及施工设计等阶段的设计任务。

第二章　证书等级

第五条　甲级证书

1. 单位资历

从事渔船设计的历史15年以上，独立地承担过主机功率大于785KW或3种以上主机功率大于666KW的渔船设计任务，并已建成投产，达到设计要求，船东反映良好。

2. 技术力量

(1) 具备承担主机功率大于785KW的渔船设计任务的技术力量。并具备开展科研、技术开发的能力；

(2) 工程师以上主要专业技术骨干至少有8名从事本专业设计工作20年以上。

(3) 技术力量雄厚，船、机、电、制冷等专业至少各有一名高级工程师，且不少于8名。

3. 技术水平

(1) 能熟练运用本行业的先进技术、并能承担与设计项目相配套的专用设备设计，具有本行业技术专长和计算机软件开发的能力。

(2) 有两项以上设计获得过国家或省、部级优秀设计奖、科学技术奖等以上的奖励；

4. 管理水平和技术装备

(1) 有完整的设计管理机构和比较完整有效的质量、技术、科研、标准化等管理制度；并有质量保证体系。

(2) 具有能与设计规模相适应的比较先进、齐全的技术装备（绘画、复印、晒图等）和固定的工作场所；

(3) 具有与设计项目要求相适应的规范、标准及技术资料；

(4) 必须具有与其设计能力相适应的计算机；

5. 承担设计范围：不受限制。

第六条 乙级证书

1. 单位资历

独立地承担过主机功率大于666KW或3种以上主机功率大于444KW的渔船设计任务，并已建成投产，达到设计要求，船东反映良好。

2. 技术力量

（1）具备承担主机功率大于444KW的渔船设计任务的技术力量，并具备开展科研、技术开发的能力。

（2）工程师以上主要专业技术的骨干至少有6名以上从事本专业设计工作15年以上。

（3）技术力量强，船、机、电、制冷专业至少各有一名高级工程师，且不少于5名。

3. 技术水平

（1）能运用本行业的先进技术，具有本行业相应的技术专长和能利用国内外本行业的软件；

（2）有一次以上设计获得过省、部级优秀设计奖，科学技术进步奖等以上的奖励；

4. 管理水平和技术装备

（1）有完整的设计管理机构和比较健全的质量、技术、科研、标准化等管理制度；

（2）具有与设计项目相适应的、基本配套的技术装备（绘图、复印、晒图等）和固定的工作场所；

(3) 具有与设计项目相应的、必要的规范、标准及技术资料；

(4) 具有与其设计能力相适应的计算机：

5. 承担设计范围：船长小于 60m 且主机单机功率小于 785KW。

第七条 丙级证书

1. 单位资历

独立地承担过主机功率大于 297KW 或 2 种以上主机功率大于 148KW 的渔船设计任务，并已建成投产，效果良好。

2. 技术力量

(1) 具有承担主机功率大于 148KW 的渔船设计任务的技术力量。

(2) 工程师以上主要专业技术骨干至少有 4 名从事本专业设计工作 12 年以上。

(3) 技术力量较强，船、机、电、制冷等各专业人员配备齐全，且至少有 3 名高级工程师。

3. 技术水平

具有相应的技术水平和一定的设计经验，能采用本行业的先进技术，能解决设计中的技术问题。

4. 管理水平和技术装备

(1) 具有与设计管理的能力及质量和技术管理制度。

(2) 具有与设计项目相适应的技术装备和固定的工作场所。

(3) 具有与其设计相适应的计算机。

(4) 具有必要的规范、标准及技术资料。

5. 承担设计范围：船长小于 35m 且主机单机功率小于 444KW。

第八条 丁级证书

1. 单位资历

独立地承担过主机功率大于 137KW 的渔船设计任务，并已建成投产，效果良好。

2. 技术力量

(1) 有能够承担规定的渔船设计范围的技术力量；

(2) 各专业设计人员基本齐全，人员配备基本合理，船、机电专业至少各有一名从事本专业设计的工程师。

3. 技术水平

(1) 能解决工程设计中的技术问题；

(2) 设计符合国家、部级设计规范、标准、规程和规定。

4. 管理水平和技术装备

(1) 有健全的管理规章制度；

(2) 有必须的技术装配和固定的工作场所；

(3) 具有必须的规范、标准及技术资料。

5. 承担设计范围：船长小于 24m 且主机单机功率小于 148KW。

第九条 仅从事木质渔船设计的单位可适当放宽。

第三章　审批权限

第十条　凡申请《渔船设计资格认可证书》的单位，必须具备下列基本条件：

一、有符合国家规定，依照法定程序批准设立机构的文件；

二、明确的名称、组织机构的文件；

三、具备申请设计等级资格的等级标准。

第十一条　设计资格认可证书由农业部颁发。

第十二条　申请设计资格认可证书的单位，须填写申请表（一式三份），按下列程序办理：

一、申请甲、乙级证书的单位，应向当地省级渔船检验部门申请初审；初审合格后，由农业部渔船检验局组织复审；复审合格后，报农业部审批。

二、申请丙、丁级证书的单位，由当地省级渔船检验部门审核；审核合格后，报农业部审批。

第四章　监督与管理

第十三条　对新成立的设计单位的资格要从严掌握，其等级为暂定级，有效期满后，按规定程序进行复查，合格者换发正式定级证书。

第十四条　设计单位资格审定四年后，方可提出升级申请，对设计中做出突出成绩（如设计获国家级一等奖等）的单位，可申请破格升级。

第十五条 对持证单位的资格每四年进行一次检查或复查。对于其中确实具有升级条件的单位，可按本办法办理升级手续。

第十六条 《渔船设计资格认可证书》是从事渔船设计的技术资格凭证，只限持证单位使用，不得转让，不得为其他单位或个人提供图章、图签。非发证单位不得变更证书内容，否则证书无效。未经批准不得越级承担设计任务，违者农业部将给予警告。

第十七条 农业部系统以外单位的渔船设计资格认证，依照本办法办理资格申请，经审查同意后，由农业部颁发资格认可证书。

第五章 附 则

第十八条 本办法中的主要专业技术骨干系指本单位正式职工。

第十九条 本办法由农业部负责解释。

第二十条 本办法自 1993 年 9 月 1 日起施行。